JN239347

公教育における運営と統制の実証分析

「可視化」「分権化」「準市場化」の意義と課題

田中宏樹
Hiroki Tanaka

Empirical Analysis of Public Education Management and Governance in Japan

勁草書房

まえがき

今日，公教育のあり様をめぐる議論は，過去にも増して百家争鳴の状態にある。分けても児童生徒をより高次の自律的学習者に引き上げようとする「学びの個別最適化」は，従来の学校像に転換を迫るものとして，政策理念・政策規範に関わる重要な論点となっている。

学習指導要領に提起された「主体的・対話的で深い学び」は，学ぶ行為の裁量を児童生徒自身により委ねようという教育理念に立脚するものだが，教育の現場を中心に，学ぶ者の主観と責任に過度に依拠した教育実践を生み出しうるのではないかという懸念もささやかれている。そうした懸念に部分的には同調するものの，学びの本質として打ち出された「主体的・対話的で深い学び」という教育理念に基本的に賛同するというのが，筆者の立場である。

教育の特質を経済学の視点で紐解いたRothschild and White（1995）は，教育達成は，その消費者たる児童生徒の行動（学びに向かう意欲および能力）にも左右されるという意味で，教育は消費者たる児童生徒と生産者たる教師との「結合供給」により生み出されることから，児童生徒は教育達成にも関わる「Customers as Inputs」とみなされるべきであると論じた。Rothschild and White（1995）の指摘は，教師に教わったことが，児童生徒に知識として定着する程度に個人差が生じている現実と整合的であり，児童生徒が学びの主体性をより発揮できる環境を整えるべく，自由進度学習，協働をベースとする課題探究学習の比重を高め，既存の一斉教授型の教育供給を見直すことは，少なくとも卓越性を指向する教育実践に照らして，理に適っていると考えられる。あくまで個人的な主観にはなるが，他者の助言や助力を仰ぎつつも，自らが判断し決定した事柄は意欲的に取り組めるし，また，結果についても他人のせいにせず，自分事として冷静に振り返ることができる。いわゆる自ら能動的に行動を起こす「行為主体性」は，教育にこそ当てはまるといえるのではないか。

本書の目的は，自律的学習者の育成に重きを置く新たな教育原理に相応すべく進む公教育供給の変容への教育実践現場の受容の実態を，実証的手法を用いて検証し，公教育の質の向上や学習機会の保障の視点から，政策変容の効果を評価することにある。「学びの個別最適化」を進める個別具体の教育実践は，学力テストやデジタル教材等を活用した学習履歴の把握，ICT に支援された個別進度学習やデジタル機器を介した児童生徒同士のコミュニケーション活性にけん引される協働での課題探究学習の導入，教育達成の定量化およびその検証評価に裏打ちされた教育内容・手法の意図的・計画的・組織的配列（カリキュラム・マネジメント）等として表出することから，学校現場における公教育供給の変容は，教育課程運営の刷新をまずは要請することとなる。

ただし，公教育供給の変容は，教育課程運営の刷新に先導されつつも，それだけに止まるものではない。それは，教職員の配置や職能形成，教職員同士の協働深化といった人的資源管理，地域社会と地続きの探究学習を実践するための学校外の組織との連携強化を意図した地域資源活用にまで伸長することが予想される。その点を踏まえるならば，自律的学習者の育成を目指す公教育供給の変容は，学年別・教科別組織が主導する教育課程運営の刷新に加え，保護者や地域社会を巻き込んだ「協働による組織的教育実践」を担保すべく，校務分掌組織が主導しうる学校組織運営の刷新も射程に収める必要がある。平たくいえば，「主体的・対話的で深い学び」の実践を児童生徒に求める以上，教育を施す側である学校においても，教育供給をめぐる裁量性と創造性をより発揮することで新陳代謝を続け，教育実践課題に探究的に向き合う「学校組織としての自律的運営（School-Based Management）」の実行が求められるのであり，教職員は児童生徒，保護者，地域社会，教育行政の管理者である教育委員会，そして同僚である教職員同士の協働性の再構築を迫られるといえよう。

以上の点を考慮し，本書では筆者が専門とする公共経済学の知見を手掛かりに，公教育における運営と統制の改善に資する政策選択は何かについて，筆者なりの見解を提示することを意図している。公共経済学では，政府が私的な意思決定に介在する根拠，政策の目標，および政策の手段が考察の対象となる。政府の介在根拠としては「市場の失敗」が，政策目標としては効率性と公平性を主軸に構成される「社会的厚生の最大化」が，政策手段としては「租税，公共支出，法規等」が想定されており，公益性を担保しつつ，選択や競争の有益性を加味することで，公共サービスの利用機会の確保と質の改善をいかに達成するかに，学術的関心が寄せられている。医療，介護，福祉といった公共サービスの政策立案に活かされているその知見は，政策対象を市場で供給できない公共財とみなし，競争原理を公共サービスの供給に持ち込めばすべてうまくいくという市場原理主義（もしくは新自由主義）の絶対視や教条化にはくみしない。

本書が，公教育供給の変容を考察する手がかりとした4つの理論モデル（「信頼モデル」,「目標モデル」,「発言モデル」,「選択と競争モデル」）を提唱したLe Grand（2007）も，公共サービスの供給モデルとして,「選択と競争モデル」の相対的優位性を主張しつつも，公共サービス供給への単純な市場原理の導入には懐疑的な立場をとっている。公共経済学の分析枠組みに立脚し，公教育運営と統制の新たな潮流として，教育達成の「可視化」に重きを置く学校運営,「分権化」よる学校裁量性の拡大を基盤とする多様なアクターによる学校統治,「準市場化」を通じた選択と競争の自由度を高める教育供給を提示し，その意義と課題を考察した本書においても，市場原理への過度な信頼を排した主張を展開しているという意味で，Le Grand（2007）と同様の学術的スタンスに立つものといえる。

ただし，本書では，公教育供給の特質・特性を考慮し，変革の進む公教育運営・統制の着地点として，Le Grand（2007）が結論づけた「選択と競争モデル」の相対的優位性とは，一線を画する論理を展開している。その理由は，以下の2点にある。

第1に，公教育に要請される目標の多様性についてである。前述のとおり，政策目標に関する公共経済学でのオーソドックスな理解は，効率性と公平性を尺度とする「社会的厚生の最大化」である。「学びの個別最適化」は，教育の卓越性（効率性）を推し進める手段となりうる一方，児童生徒の教育達成の差異が顕在化する側面も併せ持つため，学びの機会を均等化し，教育達成をめぐる極端な序列化（格差）が生じることなく，質の高い公教育サービスの利用から排除される児童生徒が出ないよう,「教育機会の均等化」による学びの平等性（公平性）も同時に達成されなければならない。加えて，個々の児童生徒の社会経済的背景はもとより，多様な価値観や心情にも可能な限り配慮すべく,「社会的包摂の適正化」による多様性の追求も実現しなければならない。卓越性と平等性に加え「社会的厚生」の要素に一般的には加えられていない多様性を加味した最適解を，教育実践の現場は導き出さねばならない点に，教育改革をめぐる議論が錯綜・複雑化する根本的な理由がある。

政策目標と政策手段とが同数必要であることを主張する「ティンバーゲンの定理」に反し，人的・金銭的・時間的制約に縛られ，利用可能な資源に乏しい学校現場では，複数の政策目標に単一の政策手段で応じなければならない状況に，日常的に直面している（個人・集団での学びを深めたい子どもと，学びの手前で校風や雰囲気に漠然と違和感を覚えている子どもとが教室内に併存し，担任がそれぞれに個別対応を求められるようなケースなど）。自律した学習者の育成という新たな教育理念に相応した公教育供給の変容を構想する場合，学校現場の自助努力に委ねるだけではなく，公教育供給の受け皿たる学校の力量を引き上げるための保護者，地域社会，企業および教育行政を司る教育委員会や文部科学省の重層的支援が不可欠である。多様な政策目標の同時追求を宿命づけられた公教育の特性に照らせば，選択と競争の自由度を高めた市場での供給に準じた「準市場的統制」のみに既存の公教育供給を置き換えれば事足りるとする単純な論理は当てはまらない。

第2に，教育達成が学習者の意欲・能力に左右されるいう教育サービスの特異性についてである。冒頭でも述べたように，教育は消費者たる児童生徒と生産者たる教師との「結合供給」により生み出される点で，医療や介護といった他の対人接触型の公共サービスにはない特性を有している。Rothschild and White (1995) は，学習者自身が教育達成を生み出す投入要素になるという教育の特性を「Customers as Inputs」と呼び，消費者と生産者とが金銭を媒介して価値を交換する私的な経済取引の想定が単純には当てはまらないことを指摘した。児童生徒と教師による「結合供給」の性格を持つ教育サービスは，自律した学習者が自己裁量を発揮する「学びの個別最適化」との親和性が高く，教師が定型化された教育内容を児童生徒に一方的に教授する受け身の学習スタイルは，本来，こうした教育の特性に必ずしもなじむものではなかったといえる。学校現場の ICT 化は，個別進度学習や課題探究学習の伸長と一斉教授型学習の後退を，今後ますます促進させることになるだろう。その際，児童生徒をより高次の自律的学習者に引き上げようという教育理念が，実際の教育実践において，教育方法・方式の違いに矮小化して捉えられ，教師不在の「孤立した学び」を引き起こし，単にデジタル機器に向き合いAIドリルを解くだけでは到達しがたい，児童生徒同士や教師との協働や対話の往還を通じた「深く，考え抜かれた学び」に，自動的・必然的に昇華する保障はないことに留意する必要がある。コロナ禍で主流であった非対面での自由進度学習が，個々の学びの速修や拡充に大いに貢献したかについては疑問符がつく。

「学びの個別最適化」は，児童生徒と教師との「正解のない問い」へのひたむきかつ創造的な学び合いが呼応する中で効果が最大化されるのであり，教師も児童生徒とともに「探究的学習者」であることを要請する。一斉教授型学習では明瞭であった学びの内容，学びの方法，学びの成果はいずれも，非定型かつ不確実なものとならざるをえない。学び手と教え手とが教育達成への責任を共有している点を理解しなければ，教師が児童生徒の意欲や能力を公正に評価することができず，また児童生徒も旧来の受け身の学習スタイルから抜け出せず，学びへの自覚や責任感が芽生えることない。教育達成にサービス需要者の行為が関わりを持つことを等閑視して，教育供給者に成果達成の全責任を帰することは，エビデンスに基づく教育（Evidence-Based Education）の乱用・誤用につながり，その活用にあたっては，公正・中立な政策判断に資する公的な視座の担保が求められるが，その点に関する政策実務や教育実践の現場での十分な理解が浸透していない点が気がかりである。学習者への裁量拡大を意図した政策変容は，「可視化・定量化」された教育成果のみが達成すべき唯一無二の指標として衆目を集めることで，教育達成の対象が矮小化・極小化される事態に陥る危険性をはらんでいることも，認識しておくべきである。

以上の2点に留意しつつ，本書では公教育供給の変容をめぐる教育現場での受容の実態を検証した実証分析の結果をもとに，公教育の質の向上や学習機会の保障の視点から，政策変容の効果を評価し，公教育における運営・統制の改善の方向性について，公共経済学の分析枠組みを手掛かりに筆者なりの見解を提示している。世界的な教育改革の潮流は，子どもを主語に政策体系を見直す機運を高め，教育政策への反映と教育実践への浸透を通じて具現化している。日々，政策・制度の変容に向き合う教育実践の現場にとって，教育政策の個人（教育需要）への影響の検証（このテーマについては別書で取り上げる予定である）

と並行して，運営原理や統治形態の変容を現場がどのように受容し，どのような帰結を生んでいるのかといった，政策が教育供給主体に及ぼす影響の評価検証が重要であるにもかかわらず，経済学の視点からそこに焦点をあてた理論実証分析の蓄積は乏しい状況にある。筆者の主張する政策変容の方向の是非を含め，国際的な教育改革の潮流をどう受け止め，日本の教育実践の実態に照らして，どのような政策・制度設計に結び付ければいいのかをめぐる国民的議論の深化に，本書が少なからず貢献しうるものとなれば幸いである。

本書は，私にとって2001年の初作，2013年の前作に続き，3冊目となる単著である。教育は従前に取り組んだことのない研究分野であったとはいえ，前作同様，出版に至るまでに干支がほぼ一周する長い期間を要してしまったことの言い訳にはならないので，今後の研究活動の戒めとしたい。

もとより，本書が単著として出版されるに至ったのは，浅学菲才であった私を卓越した学識で導いていただいた，大阪大学大学院時代の恩師である本間正明先生，齊藤愼先生，跡田直澄先生の度重なるご指導・ご助言があったからである。先生方からは多くのことを学ばせていただいたが，政府活動の意義や政策の効果を，市場との相互連関性の中で捉える学術的視座は，私が過去取り組んできた定性定量分析の支柱を成している。故黒川和美先生には，指導院生でもない私を他の院生と分け隔てることなく，自身の研究コミュニティに迎え入れ，公共選択に関心を抱く研究者と自由闊達に議論する機会をたびたびいただいた。共同利益と自己利益とのディレンマに直面する政府の行動様式について，先生の深淵かつ独創的な思索に触れることで，問題意識を研ぎ澄ますことができたことは，私の研究活動において大いなる福徳であった。ここに，併せて深く感謝申し上げたい。

多数の研究者との議論・討論は，本書の質を高めるうえで欠くべからざる要素になったと思う。惣脇宏先生には，本書の序章の内容を中心に，教育行政学の知見から貴重な助言をいただいた。篠崎剛先生には，共同研究を通じて有益なコメントをいただくとともに，本書第4章のベースとなった共同論文の収録を快諾いただいた。また，学会，研究会，科研費の共同プロジェクトや各種ワークショップの場において，赤井伸郎先生，安藤道人先生，上村敏之先生，小塩隆士先生，金田陸幸先生，亀田啓悟先生，川崎一泰先生，川瀬晃弘先生，國崎稔先生，貞広斎子先生，佐野晋平先生，須佐大樹先生，菅原宏太先生，田中隆一先生，玉岡雅之先生，寺井公子先生，中野英夫先生，中村和之先生，中村亮介先生，西川雅史先生，林宏昭先生，福重元嗣先生，別所俊一郎先生，宮崎毅先生，宮下量久先生，望月正光先生，安岡匡也先生，柳原光芳先生，和田淳一郎先生他，多くの先生方から示唆に富むコメントいただいた。記して，感謝申し上げたい。

本書の刊行にあたっては，2021 年度 JCPS 科研費基盤研究（C）21K01531，2021 年度科研費挑戦的研究（萌芽）21K18467，2024 年度科研費研究公開促進費（学術図書）24HP5113 および 2024 年度同志社大学研究成果刊行助成の補助を受けた。本書第 1 章および第 6 章の分析にあたり，文部科学省総合教育政策局調査企画課学力調査室より「全国学力・学習状況調査」の本体調査個票データの学校ローデータの貸与を受けた。また，勁草書房編集部の宮本詳三さんには，前書に引き続き，出版にあたり大変お世話になった。ここに記して，感謝の意を表したい。

最後に，筆者の研究活動を陰ながら見守ってくれている家族と両親に，感謝の念を込めつつ，本書を捧げたいと思う。

2024 年 6 月

田中宏樹

目　次

公教育における運営と統制の実証分析

――「可視化」「分権化」「準市場化」の意義と課題――

Empirical Analysis of Public Education Management and Governance in Japan

序　章　公教育の経済学的特性と政策選択
――理論・実証分析のサーベイを交えて――

1. はじめに

今日，教育政策の目的・目標は，学習者のニーズの多様化・高度化を反映し，多岐に広がっている。政策の対象となる教育段階を，義務教育あるいは普通教育と同定される初等中等教育に絞ってみても，いじめや不登校，貧困や多様化する家庭への対応，学校を取り巻く子どもの安全・安心の確保，教員の働き方改革，グローバル教育やデジタル教育，特別支援教育や児童生徒への個別的・総合的支援の取り組みなど，いずれもその政策規範を吟味する時間的猶予は乏しい中，教育実践の現場たる学校を中心に，現実的かつ適応的な対処が施されているのが実情といえる。

学校教育の本旨の1つである教科学習のあり方に政策の射程を限定した場合でも，政策規範の十分な吟味が不足している状況に変わりはないが，教育の質および学習機会の保障を目途に，教科横断的な「資質・能力」を培う組織的な教育課程の編み直しと「社会に開かれた教育課程」の実践に向けた学校と地域との協働推進という教育課程の指針が，2017・2018年の改訂学習指導要領に盛り込まれた。学校現場においては，この方針を具現化すべく，各々の学校の掲げる教育目標に即した教育課程の意図的・計画的・組織的な配列（カリキュラム・マネジメント）と，スクールカウンセラー，スクールソーシャルワーカー，情報通信技術支援員（ICT 支援員），教員業務支援員，医療的ケア看護職員といった教員以外の人的資源と教員との多職種協働の実践が，順次進められている状況にある。

教科学習に関わる現状の教育政策の核は，教育 DX の推進により，児童生徒の多様な実情を，教育現場が迅速かつ的確に把握しうるプラットフォーム（「全国学力・学習状況調査」（以下「全国学調」）やタブレット端末などによる学習ログの収集等が代表例）を，使用目的を明確化することを前提に，種々の教育供給主体と共有することで，カリキュラム・マネジメントや多職種協働を円滑化するとともに，個人単位の教育統計に基づく政策の検証・改善につなげ，児童生徒の「個別最適かつ協働的な学び」を支援することにあると総括できよう[1)]。

本章では，目下，文部科学省を中心とした教育政策共同体において進められている「資質・能力」という教育成果に重きを置く学校運営，多職種協働を通じた多様なアクターによる学校統治，選択と競争の自由度を高める教育供給という政策・制度変容の意味合いを，Le Grand（2007）が提唱した準市場化（Quasi-Market），Slavin（2002）や Hargreaves（2007）が主張したエビデンスに基づく教育（Evidence-Based Education：以下 EBE），Besley and Case（1995）や Seabright（1996）がモデル化した政策の可視化による分権的政策競争[2)]（Yardstick Competition）等による理論的帰結を援用しつつ整理し，続く実証分析の学術的意義を明らかにする。

本章の構成は，以下のとおりである。第 2 節では，本章における公教育の範囲を定位し，その経済学的特性を明らかにすることで，政府が公教育に関わる根拠について概観する。第 3 節では，日本の従来の公教育の特徴を簡潔に整理し，エビデンスに基づく教育，学校統治スタイルの多元化，教育供給における競争と選択の拡大で特徴付けられる近年の日本の教育政策の方向性について，過去の理論・実証分析の知見を手掛かりに，その功罪を整理する。第 4 節では，本章の結論を要約し，本書の構成および続く実証分析の学術的意義について述べる。

1）行政 DX の本質は，市民データの収集と都度の更新を前提に，個人の状況を正確かつ迅速に把握することで，行政側から市民へのアウトリーチを容易にすること，すなわち，供給（サービスの提供者たる行政）が需要（サービスの受給者たる市民）に合わせる「個別最適な公共サービスの提供」のための，パーソナライズされた技術革新である解釈できる。

2）地方政府間の Yardstick Competition を包括的に理論分析したものに，西垣（2017）がある。

2. 教育の経済学的特性と政府の役割

教育は，かつて裕福な家庭が子女に施す私的財（奢侈品）であった。国民国家の成立により，教育の「公共性」が認識されるようになり，規制，資金，公開性を要素とする「公教育」という概念が形成されていく。教育における政府の役割は，教育基本法第6条にある「公の性質」，同第8条にある「私立学校の有する公の性質及び学校教育において果たす重要な役割」を根拠として，公立学校のみならず私立学校にも及ぶものと解釈される。「公教育」をめぐっては，公設，公費，公管理など着目する要素によって，その定位は変わりうるが，本書においては，経済学的視点から公共財としての性質を有し，かつ公共空間（学校）において実施される営為を，「公教育」と定義して，以下，議論を進めていくこととする[3)]。

教育に政府が関与する理由には，以下，大きく3つある。第1に，教育が社会統合を維持・発展させる機能を持つことから，政府が市民に就学義務を課し，普通教育の受給を勧奨するというものである。市民が一定以上の知識・能力を有することは，一市民が創造性を醸成し，自主および自律の精神を養うという私的便益を越えた社会的便益をもたらす。児童生徒の知識基盤の充実は，他の児童生徒の知識基盤の拡大をもたらす（ピアグループ効果），職場での個人の能力向上は，職場および社会全体の能力向上に波及する，社会に能動的かつ自律的に関わる資質の獲得は，政府による市民への将来的な所得移転の必要性を減ずるといった「外部性」を教育は有している。市民が教育の「外部性」を考慮せず，私的便益に適う教育需要を選択すると，社会的に最適な教育水準は達成されず，教育は過小供給の状態に陥ることから，教育供給における市場原理の導入を制限し，政府による教育の直接的供給も含めた公的関与が正当化される。

第2に，創造性の醸成と自主自律の精神の涵養という私的便益の獲得を市民

3） 定義に基づく公教育の対象には，公立学校とともに私立学校も含まれるが，不登校児童・生徒を受け入れるフリースクール（特例校は除く）は含まれない。加えて，教育費が受益者負担の原則に基づき，私費で支弁されている塾，予備校，家庭教師，習い事といった「学校外教育」については，「私教育」の範疇と解釈し，本書の分析対象から除いている。

に担保すべく，政府が市民の教育受給権行使のための環境を整備するというものである。教育基本法第4条において謳われている「ひとしく，その能力に応ずる教育を受ける機会」は，学習者の「学習権」の確保と解釈されるが，政府は「父親的温情主義（パターナリズム）」の観点から，規制，資金，空間提供といった手段をもって，その権利行使を支援することが肯定される。同法第4条において「経済的理由によって修学が困難な者に対して，奨学の措置を講じなければならない」は，公教育における公費投入の根拠規定と解釈されるなど，市民の「学習権」保障の観点から，政府の公的関与が要請される。

第3に，教育サービスは，その供給にあたり，生産者のみではなく，消費者も生産要素の一部として参画する余地が大きいことから，通常の財やサービスのように，市場における経済主体間の自由取引に委ねることが，経済厚生の改善に寄与せず，経済取引への公的介入が是認されるというものである。Rothschild and White (1995) は，消費者が生産要素の一部としてプロシューマー化することを「Customers as Inputs」と呼び，教育においてその傾向が顕著であること，および市場での限界原理に基づく供給量の決定は[4]，資源配分の非効率性を導くことを指摘した。「教育は，供給主体（学校）が一方的に消費者（親や子ども）に供給して完結するのではなく，消費者がどのように関与するかでその成果がかなり違ってくる」（小塩・田中 (2008)）との主張にもみられるように，教育の成果は消費者たる児童生徒の行動（学びに向かう努力）にも左右されることから，例えば，「テストのための教育」という矮小化された視点，かつ学業成績の生成に一定の関わりを持つ消費者（親や子ども）の意向のみを尺度とする教育成果の検証は，進学実績を誇示することで威信を高めたい学校に，成績評価のインフレ誘因をもたらしうる。公正な成績評価を担保しうる教育達成の検証手段の開発ともに，エビデンスに基づく教育を教条化することを回避して，冷静・中立な政策判断に活かす公的な視座の堅持が求められる。

---

4) Rothschild and White (1995) は，大学の授業料を事例に，優秀な学生への授業料＝限界費用に一致する限界原理でその水準を決定するのではなく，限界費用から当該学生が周囲に及ぼす限界的な貢献分を除いた水準に一致するように授業料を決定することが望ましいことを，理論的に解明している。

3. 公教育をめぐる政策・制度選択
――「可視化」「分権化」「準市場化」の潮流

エビデンスを梃とする成果検証と社会に対する「説明責任（アカウンタビリティ）」を重視する教育改革の世界的潮流には，好意的な評価もあれば，否定的な評価もある[5)]。しかしながら，エビデンスに基づく教育の推進者も批判者も，子どもの最善の利益を目指し，教育の質の向上および学習機会の保障を教育政策の目的とする点においては，恐らく合意に至れるであろう。本節では，子どもの最善の利益を教育政策の目標として共有しているとの前提のもと，現在，日本で進む教育政策の手段変容の意義を，Le Grand（2007）をはじめとする理論・実証分析の知見を手掛かりに整理する。

3.1. Le Grand による公共（教育）サービス供給の4つのモデル

前節で述べた教育における経済学的特性を踏まえ，市場原理による教育供給に代わる4つのサービス供給モデルを提示したのが，Le Grand（2007）である[6)]。Le Grand（2007）では，4つの供給モデルを提示したうえで，「準市場化（Quasi-Market）モデル」の相対的優位性を提唱しているが，ここでは，まず，4つの供給モデルの特徴を概観する。

第1のモデルは，「信頼モデル」である。これは，公共サービスの供給に関わる専門家や政府職員が，政府部内外からの干渉や統制を経ずしても，効率的かつ応答的に，公平かつ質の高い公共サービスを提供しうるとするもので，公共サービスの供給者は，その委託者ならびに受給者からの全幅の信頼を獲得しているという前提のもと，供給に関わるほぼ完全な裁量を発揮することが承認さ

5) エビデンスに基づく教育に関して，前者を代表するものに Slavin（2002），Hargreaves（2007），大桃・背戸（2020）が，後者を代表するものに Biesta（2007），Hammersley（2007），仲田（2018）らがある。

6) Le Grand（2007）は，公共政策に携わる人間の動機（利他的な動機を体現する Knight と利己的な動機を体現する Knave）と，行為主体の行動する能力（積極的に裁量を発揮する供給者を体現する Queen と裁量を欲しない供給者を体現する Pawn）をもとに，4つのサービス供給モデルを類型化した理論的枠組みを提示している。

れているモデルである。

第2のモデルは,「目標モデル」である。これは，公共サービスの供給者の裁量に代わり，政府部内の指揮命令系統に則ってサービス供給を行うものであり,あらかじめ設定された成果目標の達成状況に応じて，供給者への信賞必罰が決定されるモデルである。サービス供給者は，完全な裁量権を承認されていないという意味で,「信頼モデル」に対峙するモデルと解釈できるが，成果目標の達成度以外においては，供給に関わる物的・人的・金銭的資源（投入）に関する裁量の発揮が，サービス供給者に認められている。

第3のモデルは,「発言モデル」である[7]。これは，サービス利用者と供給者との直接的なコミュニケーションを通じて，利用者が公共サービスに関する選好を意思表明することで，質の高い公共サービスの提供を供給者に促す誘因を生み出そうというものである。教育に置き換えれば，学校運営協議会（コミュニティ・スクール：以下CS）のメンバーが，校長をはじめとする教育サービスの提供者に対し，発言を通じて不満あるいは満足を表明することで，利用者のニーズをくみ取ることを可能とするモデルである。

第4のモデルは,「選択と競争モデル」である。これは，後に詳述するが，供給者の競争とセットになった利用者の選択を梃として，供給者に効率的で応答的，平等かつ質の高い公共サービスを提供する誘因を与えようとするものである。サービス供給者は，参入・退出に一定の制限が加えられつつも，複数の供給者が参入している「準市場（Quasi-Market)」において，サービス受給者に対し政府が公的資金を源泉に与える一定の購買力（教育バウチャーがその代表例）の獲得をめぐって競争する。供給者には市場原理に準じた競争圧力が加わるとともに，利用者には公的資金の可処分権の行使による選好表明が保障され,利用者による選択を通じた供給者への規律付けが機能することを想定したモデルである。

Le Grand（2007）では，公共サービス提供者が全体の奉仕者として慈善的にふるまうことへの懐疑から「信頼モデル」の，成果目標の達成を強いられることによるサービス供給者の動機と士気の低下から「目標モデル」の，発言者の

7）　発言モデルの先駆的研究として，Hirschman（1970）が提唱した「離脱と発言（Exit and Voice)」の概念がある。

発言が利用者全体の選好を代弁する保証がないことから「発言モデル」の,「選択と競争モデル」に対する相対的劣位を主張し，供給者へのより良い誘因構造を与える点において,「選択と競争モデル」が最善のモデルであると結論付けている。次節では，変容前後の教育政策手段の特徴および意義を，Le Grand (2007) の4つの教育供給モデルに関連付けつつ，整理する[8)]。

3.2. 旧来の公教育供給
——教職への信認を基盤とする教育条件の形式的平等の追求

日本の公教育における従来の制度原理は，教育条件をめぐる形式的平等の徹底である[9)]。すなわち，児童生徒の「学習権」を保障する観点から，教育現場における「機会均等」の実現に重点を置き，教育実践条件の客観的・基本的枠組みを形成すべく，教育現場への物的・人的・金銭的な資源の投入に対して，事前規制を徹底することで,「等量かつ等質の教育サービス」をあまねく享受できる体制を整備することにあったといえる。

具体的には，学校設置とその管理を国公立においては国および自治体，私立においては学校法人に限定する「設置者の限定」(学校教育法第2条)，設置者がその管理を行い，その経費を支弁することを原則とする「設置者管理主義と設置者負担主義」(学校基本法第5条)，公立義務教育諸学校の教員給与の負担は国と都道府県が担うとする「県費負担教職員制度」および「義務教育費国庫負担

8) 「統制」の形態を類型化したGilbert (1959) では,「統制」が外部機関・アクターによるものか，内部機関・内部者によるものかを軸に「外在的」「内在的」に,「統制」が法制度で規定されたものか，規範慣習によるものかを軸に「制度的」「非制度的」に,「統制」の形態を4つに分類整理した。本書が扱う「教育統制」においても，三浦 (2019) をはじめとする教育行政学の分野を中心として，Gilbert (1959) を参照して「教育統制」の類型化を行う理論・実証分析の蓄積がある。Le Grand (2007) は,「教育統制」を意識してモデルを提示してはいないが，それぞれのモデルをGilbert (1959) の「統制」の類型をもとに整理することができる。本書では,「教育統制」として,「民主的統制」,「準市場的統制」,「目標・成果（データ）による統制」等の概念を，Gilbert (1959) の「外在的統制」や「内在的統制」の用語に関連付けて用いているが，Le Grand (2007) の4つのモデルとGilbert (1959) の統制の4類型との対応関係については,「信頼モデル」が「内在的・非制度的統制」に,「目標モデル」が「外在的・非制度的統制」に,「発言モデル」が「外在的（民主的）・制度的統制」に,「選択と競争モデル」が「外在的（準市場的）・制度的統制」に当てはまるとの理解のうえに,「教育統制」を論じていく。

9) 大桃 (2020) は,「教育資源（インプット）」の管理を通じた教育実践条件の均等化の実現を目標に据えた教育保障の仕組みを,「集権的な教育保障」と捉えている。

制度」，学級編制基準（標準）およびそれに準拠する教職員定数の設定[10)]，就学義務および修業年限の設定，通学区域の指定（学区の設定），教育課程の基準（学習指導要領）および年間授業日数および授業時間の設定，教科書の著作・編集と検定，義務教育における就学援助の義務化，教員資格や養成基準の設定（「開放制教員養成」の原則）および法定研修の義務化等，規制や制度の網が広範にかけられていた。

以上のような規制や制度の趣旨は，教育実践に関わる事前の条件を全国一律でそろえることにより，教育の質の確保および学習機会の均等を実現することにあり，「教育投入（インプット）の管理を通じた教育保障（形式的平等）の達成」が，公教育の制度原理となってきた。こうした制度原理に則りつつ，公教育体系の一翼を担ってきた主体が，教育委員会および学校である。以下，順を追って，その特質を整理していこう。

教育行政を所掌する教育委員会は，自治体にあっては他の行政部局からの独立性，首長および議会との関係においては政治的中立性が担保される一方，教育の地方自治の原則に則り，文部科学省の教育政策方針への順守に終始せず，地域毎の実情に応じて施策を行う自律性を保持していると考えられてきた。しかしながら，国による教員給与への財政措置である「義務教育費国庫負担制度」の存在，「公立義務教育諸学校の学級編制及び教職員定数の標準に関する法律（義務標準法）」による小中学校の教職員定数の管理，あるいは「地方教育行政の組織及び運営に関する法律（地教行法）」における教育行政に限った特例的な規定の存続[11)]などを踏まえると，教育行政の推進において，文部科学省と実態上，水平的かつ対等な関係にあるとは言い難かった。

自治体内の機能性をめぐっても，教育予算の審議等にあたり，首長部局や議会との交渉や合意形成を目指す過程で，「脱政治化」を貫徹できる状況にはなく，設置者管理主義の原則にそって，学校現場を中立的に管理・監督する権限を有してはいるが，実際の教育実践においては，学校の自律的な運営管理への尊重

10)　横井（2018）では，児童生徒数に準拠した学級数から教職員の基礎定数を算定し，国と都道府県による財政措置を通じて，教育実践条件の全国的な均等化を目指す仕組みを，「教育条件均等型平等原理の財政システム」と呼んでいる。

11)　現状においても，地方自治法において，国が自治体に対して行える「技術的な助言もしくは勧告」を越えた「指導・助言・援助」を必要に応じて行える規定が，地教行法において定められている。

を求められる局面も少なくなかった。教育施策の推進役として，教育委員会の有する権限は小さくはないが，村田（1991）が指摘するように，「実態として学校を権力的に統制する立場にはなく，文部科学省の政策方針を踏まえた教育実践が図れるよう，学校への教育課程管理運営上の指導・監督・助言を担う」役割を担ってきたといえる。

一方，現場で教育実践に携わる学校は，物的・人的・金銭的な教育資源に対する法的規制がかけられたことで，その活用に学校自らが裁量権を発揮する余地は乏しかった。しかしながら，児童生徒への多様で不定形かつ無限定な対応を求められる教育活動の特質を考慮し，こと授業に関しては，村田（1991）で述べられているように「教育課程の編成・実施・評価において，学校（自ら）の教育課程運営に任されている面が大きい」状況が続いてきた。加えて，教育課程をめぐる学校の教育行政当局（文部科学省および教育委員会）からの相対的独立性は，教員と教育行政当局，あるいは学校内における教員と教育管理職との関係に置換されたため，教員は授業計画や学級運営に代表される教育実践に個別的裁量性を発揮しうる立場にあった。これにより，教育の質の向上や学習機会の確保に象徴される教育保障は，学校が組織的に担うというよりも，個々の教員による個業的・自己完結的な教職遂行によって達成されうるとみなされてきたといえる[12]。

教育機会の形式的平等の達成を重視する日本の公教育保障は，教育資源の投入管理への規制に重きを置くがゆえに，教育運営管理の実務をめぐる階統制の構造も相まって，教育の機会均等の根幹を成す教育実践条件の客観的・基本的枠組みの維持には長けた仕組みであった[13]。教育の質の向上や学習機会の確

12）佐古（2005）は，教員の個業化は，「教職員が相互的に教育活動の改善に関与することが困難な組織構造」を生み出し，「学級経営などをめぐって問題が生じても，相互関与は抑制され，担任一人が周囲から孤立した職務遂行を強いられやすい教員文化の醸成」に拍車をかけていると指摘している。

13）学校の設置・運営（教育主体）と教員の供給（教育人材）については，公教育体系の階統制（指揮命令系統）を通じた「入口」での管理に徹した一方，学習内容（教育課程）については，学校に帰属する個々の教員の裁量に委ねられた。「定型化・画一化」を特徴とする行政体系の階統制は，教育保障の手段とされた「教育資源（インプット）」の管理を通じた教育実践条件の均等化の実現には（教育資源の配分に一律の基準を機械的に当てはめることを主たる目的とするものであったため）優位性があったと考えられる一方，教員の個別的裁量性の発揮によって，児童生徒への個別多様な対応が期待できたことも，教育条件をめぐる形式的平等に徹することを容易にしたと推測される。

保は，教員の「専門性」により担保されるとみなされてきた公教育の制度原理は，Le Grand（2007）の類型による「信頼モデル」に相当するものであったと解釈できよう。

以上，述べてきたように，公教育保障を直接的に担保するのは，教育実践において個別的裁量性を有した個々の教員による「個業型教職遂行」（佐古（2005））であったが，公教育保障の答責の所在および範囲は，個別裁量性を保持した教員により構成される学校，教育委員会および文部科学省の間で明瞭には分立されず（あるいは答責の所在が明確でないと社会からはみなされ），三者で教育の提供責任を共有する構造が続いてきたと考えられる[14)]。その意味で，公教育サービスの受給者が寄せる「信頼」は，教育実践の体現者たる教員のみならず，教育委員会および文部科学省を含む，広く教育行政当局全体に向けられてきたといえよう。

3.3. 公教育供給の変容Ⅰ
──「エビデンスに基づく教育（EBE）」による政策の「可視化」

教育機会の形式的平等をもって教育保障の達成とみなした日本の公教育制度原理は，変容の圧力にさらされている。本節ではまず，公教育の政策・制度変容の潮流の1つである「教育（成果）の可視化」の意義について，旧来の公教育の制度原理の問題点を交えつつ，整理していく。

「エビデンスに基づく教育（成果）の検証・改善」は，教員の「専門性」を盾として正当化されてきた教育保障に対する対照概念としての意味合いを持っている。前節で述べたように，公教育保障は長年，教育実践への個別裁量性を発揮しうる個々の教員の「専門性」により担保されるとみなされてきた。不定形かつ無限定な児童生徒との向き合いを求められる教育には，個々の教員の実践経験に基づく裁量性が効果を発揮する局面があることは否定しがたい。しかしながら，定型的な知識の習得から不定形な知識の構築・創造へと，児童生徒が

14）すなわち，教育政策共同体を構成する文部科学省，教育委員会および学校は，法規上，階統制の公教育体系に組み込まれ，教育制度の設計を行う文部科学省，制度の運用・執行を司る教育委員会，教育行政当局の意向を踏まえつつ教育実践にあたる学校という役割を担う一方で，教育保障の責任は，並列並存した構造下で共有あるいは不明瞭に分立されてきたと解釈される。

獲得すべき資質・能力の変容が進む中，教員の「専門性」が教育の質を高めうるかは自明ではなく，教育課程の編成・実施のプロセスを客観的なエビデンスをもとに「可視化」し，教育の質の向上にどのような教育実践が有効か，課題探究型学習に代表されるような学習機会の多様化が児童生徒の知識基盤の拡充にどの程度つながるのかといった課題に対して，定量的に評価・検証し，改善につなげるサイクルを構築することの必要性が高まっていると考えられる。

「エビデンスに基づく教育（EBE）」の提唱者であるSlavin（2002）は，教育におけるエビデンスの浸透を，「教育における科学革命」と称し，医療に遅れをとってきた教育においても，科学的根拠に基づく政策形成を重視する風潮から，エビデンスがものをいう状況がようやく到来したとして，実践家によるエビデンスの受容が科学的進歩をもたらした医療を引き合いに，教育の進歩にエビデンスの受容が不可欠であると主張している。

同じく「エビデンスに基づく教育」の賛同者であるHargreaves（2007）は，教育の後進性を医療と対比しつつ主張し，教師が「研究に基づく専門職」になっていないことが，教育においてエビデンスの受容が進まない主要因であり，教育研究の蓄積が乏しい状況の改善を説いた。「教師が学級で行っていることの効果と実効性についての十分なエビデンスがそもそも存在しない」状況の中，教師は「経験や試行錯誤から得た暗黙知に大幅に依拠せざるを得ず」（Hargreaves（2007)），何ら科学的根拠を持たずに教育実践を展開している状況を問題視している。

一方，「エビデンスに基づく教育」をめぐるSlavin（2002）やHargreaves（2007）の主張に対し，Biesta（2007）やHammersley（2007）は，教育という行為の特異性から，医療のように科学的根拠を患者の治療に適用する行為（活動）の是非を問うことが，規範的な価値判断を重視する教育に，単純には当てはまらないとの主張を展開している。すなわち，教育の専門職が問われるべきは「何が教育に効果的かという手段や手法に関する問いよりも，何が教育的に望ましいのかという規範的な問い」（Biesta（2007)）であり，「エビデンスに基づく説明責任」は，教育の専門職を「外部の人々に対して，自らの実践の詳細について申し開きをする」状況に追いやり，結果として自らの「専門的判断の掘り崩し」を招く（Hammersley（2007)）として，教育へのEBE適用を制限すべきと主張している。

「エビデンスに基づく教育（成果）の検証・改善」は，定量的・定性的分析をもとに教育（成果）を「可視化」「共有化」することで，教員の「勘や経験」といった「エピソード」にけん引される教育実践を客観的に評価しうる視点を生み出すとともに，「エビデンス」と「エピソード」の双方の視点から，バランスある教育課程の編成・実施・評価につなげることに，その意義を見出すべきというのが，筆者の見解である。Le Grand（2007）の類型に当てはめれば「目標モデル」に相当すると解釈される「教育（成果）の可視化」は，Hammersley（2007）が危惧する教員の動機と士気の低下をもたらす恐れがある反面，「信頼モデル」に依拠した旧来の公教育の制度原理の問題点を改善することに役立つと考えられるからである。「信頼モデル」の根本的要素というべき「公教育供給に関わるすべての人材に慈善的な動機と主体的な問題解決能力がある」との想定は，他の公共サービスの供給と同様に現実性が乏しい。その想定が完全に当てはまると仮にしても，教師を含めた教育人材が，教育の質の向上と学習権の確保に適うと予想される教育実践の革新に取り組むよりも，（革新の失敗を恐れるあまり）前例踏襲主義に陥る可能性は否定しがたい[15]。

EBE が児童生徒の多様な資質・能力を，定量化しやすいが一面的な「学力」のみを尺度とする検証・改善サイクルの構築のみに「矮小化」される事態は避けなければならないが，検査（客観的事実）と臨床（個々の患者の事例）を組み合わせて診断が行われている医療現場の先例にならい，正確な統計処理に耐えうる教育データを蓄積し，それをもとに「可視化」に値するエビデンスの精度を高めたうえで，その含意と問題点への十分な説明を尽くしつつ，エピソードベースの事例研究とのバランスをとった活用を目指すならば，大桃（2020）が指摘する教育の成果にまで拡張された「説明責任（アカウンタビリティ）」の社会的要請に応える仕組みとして，有効に機能するものと考える。

Biesta（2007）や Hammersley（2007）の批判や懸念は，教員の「専門性」の

15）　教育改革に教育職従事者が与える影響を実証分析した，Bonesrønning（2013）は，ノルウェーの市町村別データをもとに，学校における EBE の採用や校長が EBE によって可視化された教育達成に説明責任を負うなどを要素に計測された教育改革の実践度は，教育職の従事者が多い自治体において低くなる傾向があることを示している。

萎縮に起因するものと解釈されるが，EBE を排除したとしても，日々の児童生徒指導と保護者対応等を「こなす」仕事に追われる現状の日本の教育現場において，成果も含めた新たな教育保障に対応する教育方法を「生み出す」仕事に向けた「学問・探究」のための職能形成がやせ細っている状況を改善しない限り，かつてのように，教員の「専門性」が教育の質を高めることを自明視することは困難といえよう。

EBE による「教育（成果）の可視化」の効用は，客観的根拠に基づく教育実践という直接的なものに止まらず，後に述べる多職種協働や分権的政策競争の下地となる「熟議型コミュニケーション活性」をもたらすという間接的なものも含めて，評価が下されるべきである。EBE への懸念事項としては，教員の「専門性」の掘り崩しよりも，Rothschild and White（1995）が指摘した「Customers as Inputs」による説明責任の帰属の曖昧さ，すなわち，サービス受給者である児童生徒の行動によって，教育達成の程度が一部左右されることの方が深刻ではないかと思われる。得られたエビデンスの生成に，サービス受給者の行為が関わりを持つことを度外視して，教育供給者に成果達成の全責任を帰することは，EBE の乱用・誤用につながるため，その活用にあたっては，公正・中立な政策判断に活かす公的な視座の担保が求められるといえよう[16)]。

3.4. 公教育供給の変容Ⅱ
――「分権化」による公教育の自律的運営と統治の多元化

公教育サービスの分権的供給は，サービス供給者には運営の自律性と民意への応答性の向上を，サービス受給者には自らの選好に適った教育需要の充足機会をもたらしうる。公共サービスの分権的供給と効率的な資源配分とを扱った理論・実証分析は多岐にわたるが，本節では，サービス受給者を含めた一般市民による民意の表明を通じた「民主的統制（外在的統制）」が，政策競争下に置かれた地方の教育供給主体（自治体，教育委員会および学校）を規律付け，質が高く応答性に満ちた教育供給につながる可能性を，Besley and Case（1995）

16）仲田（2018）は，欧米で進行するデータを学校（民営化対象の選定）や教員（人事評価）の統制に用いる「ハイ・ステイクス」な教育成果活用へのハレーションが，今後，日本において起こりうることへの懸念を表明している。

や Seabright（1996）がモデル化した政策の可視化による分権的政策競争（Yardstick Competition）の概念を用いて説明する[17]。

教員の「専門性」に教育保障の実現を委ねた日本の公教育制度は，教員専門職集団自身が自らを規律付ける「内在的統制」に依拠する規律付けを採用してきた。学校現場において発揮される授業実践や学級運営をめぐる教員の個別的裁量性は，個々の教員の高い自律性ゆえに職責に対する士気を高める効果は期待できる反面，自己完結型の教職遂行が独善や閉鎖性を招く危険性を内包している。加えて，「個業型教職遂行」（佐古（2005））は，教員集団が帰属する学校の「組織的統制」（構造として組織が体系化されること）が機能することと同定されない。教員一人一人の裁量は大きいからといって，学校が組織として教育課程の編成や校務分掌の組成に対し，十分な自律性を発揮しえたかは確証に乏しく，「内在的統制」のもとで，児童生徒や保護者を含めた社会への高い応答性を保持しえたかについても，疑問符がつくといえる。

分権的政策競争（Yardstick Competition）は，公共サービスの提供を担う地方政府間の業績比較を通じた政策競争を理論化したものであり，投票行動に集約される民意が，地方政府を規律付けることが想定されている。住民（有権者）との政策情報の非対称性に起因して発生する政治家の自己利益（Political Rent）追求の誘因を，公共サービス供給の成果（質やコスト）の政府間比較を判断材料とする住民の政策選別によって「挫く」ことで，公共サービスの効率的供給や住民厚生の向上につなげようとするものである。

公共サービス供給をめぐる規律付けの原動力は，受給者である住民の政策改善に向けた意思表明であり，それは一般的には有権者の投票行動を通じて表出するため，住民移動を梃に公共サービス供給を規律付ける「足による投票」に

17）分権的政策競争（Yardstick Competition）の概念を理論モデル化した Besley and Case（1995）や Seabright（1996）では，地方政府の業績比較を可能とする分権化による「地域間競争」の存在と，住民の意思表明に関わる政策の「可視化」の重要性がともに強調されているが，前者は Political Rent の源泉を選挙での当選（再選）のみならず，公共サービスの供給コストの不確実性に起因する超過利潤に求めているのに対し，後者では選挙での当選（再選）のみを Political Rent と捉えている点に違いがある。その理論的帰結は，自己利益追求型の政府によるナッシュ・ゲームのもとで，政府（政治家）と住民（有権者）とに生じうる政策情報の非対称性による「説明責任（アカウンタビリティ）」の不全を，経済・社会環境の類似した地方政府間の業績比較で補完することで，住民の負託に応えうるよう政府（政治家）を規律付けることができるというものである。

対比して,「手による投票」と呼ばれている。公共サービスの供給者を「慈善的な奉仕者」とみなさず,「民主的統制」によって規律付けることを想定しているという点において, Le Grand (2007) の類型による「発言モデル」に相当すると解釈できる。

教育委員の選任において, 米国のように公選制ではなく, 首長の任命制を採用している日本において, 公教育供給における住民の投票行動を通じた規律付けは期待できず, 分権的政策競争 (Yardstick Competition) を再現するのは困難である。教育の地方自治の本旨を体現する公教育の執行機関としての教育委員会の特質を踏まえるならば, 首長からの独立性, 合議制, および住民による意思決定 (レイマン・コントロール) は, 堅持されるべきである。

しかしながら, 学校管理を司る校長, 学校を指導・監督・助言する立場にある教育委員会が, 民意との応答性を高めるべく, 内在的統制に偏重してきた「教育統制」に外在的統制を組み入れる方向に向かうことは, 教育成果にまで「説明責任 (アカウンタビリティ)」を担う教育保障拡張の現実を踏まえるとき, 教員の「専門性」を掘り崩さない限りにおいて, 制度変容に一定の合理性があるというのが, 筆者の見解である。すなわち, 分権的政策競争 (Yardstick Competition) の完全実践は行えないにしても, そのエッセンスを活用することで, 教育における「民主的統制」を高めることには意義があると考える。

Bardhan and Mookherjee (2006) は, Besley and Case (1995) や Seabright (1996) の分権的政策競争 (Yardstick Competition) モデルを援用しつつ, 政府のガバナンスやアカウンタビリティに関して, 中央集権より地方分権の方が, 住民が政策情報を獲得しやすく, 政府を制御しやすいとして,「分権化」の優位性を理論的に解明している。2000 年 4 月のいわゆる「地方分権一括法」の施行とともに, 公教育においても地方教育当局の裁量性を高める「分権化」が相次ぎ進められたが[18], その一環として現在, 公立学校において設置が進む「学校運営協議会 (CS)」や「地域学校協働本部」があり, 自律的な地域学校経営を担保する「砦」の役割を担っている。

その概要説明は本書第 6 章に譲るが, 学校単位に設置される「学校運営協議

18) 学級編制基準および教職員定数決定権の都道府県への移譲, 義務教育費国庫負担制度における総額裁量制の導入, 就学校の指定の都道府県自治義務化等が, その代表例である。

会（CS）」は，教育管理職と教育委員会に任命された学校外の委員で構成される会議体の場で，学校運営の基本方針の承認や，学校運営や教育活動について，校長に意見具申する機能を有する「学校分権的な組織体」である。現状，地域による学校支援活動の「要」である「地域学校協働本部」との「政策主体間連携」が模索されており，児童生徒の学び（教育保障）を学校と地域とが協働して担うための，互いの情報共有を通じた「熟議型コミュニケーション活性」と「信頼醸成」を図る器を創る取り組みと解釈できる。

児童生徒の個別的・総合的支援のニーズに応えるべく，スクールカウンセラー，スクールソーシャルワーカー，情報通信技術支援員（ICT 支援員），教員業務支援員等との学校内多職種協働が展開され，放課後子ども教室，地域交流学習，部活動支援といった学校外での多職種協働の深化が求められるなど，定型的な教科学習に止まらない児童生徒の学び全般の支援は，もはや教職員だけでは自己完結しえず，ともにその任にあたるイコールパートナーとして，学校内外での多職種協働を通じて実践されるべきである。「学校運営協議会（CS）」や「地域学校協働本部」といった学校統治の「多元化」は，円滑な意思疎通と相互信頼を築くまで，学校（や教育委員会）と地域双方に効果的な連携を生み出すための手間とコストを強いるであろう[19)]。しかしながら，一旦，「政策主体間連携」が築かれてしまえば，学校を起点とした多様な連携・協働を引き出しうることが期待できよう。

「学校運営協議会（CS）」における「民主的統制」の発揮は，学校の実情を受け入れ，学校運営に地域・保護者の視座を取り入れて，多角的・多面的な発想に基づいた学校運営を実現することに寄与するはずである。教員の個別的裁量性に教育保障を全面的に委ねることの問題点は，前節でも指摘したが，（徴税権・支出権・人事権を有しない）「学校運営協議会（CS）」の自律性には限界が

19）「分権的政策競争（Yardstick Competition）」モデルにおいて，民意による規律付けが機能する状況においても，サービス受給者との間で生じる情報の非対称性を逆手にとって，代理人（エージェント）と呼ばれる公共サービスの供給者に，Political Rent の追求や質の高い公共サービスの提供努力を怠るモラルハザードが生じうることから，公共財の過小供給が発生し，サービス受給者に負の限界効用（エージェンシーコスト）をもたらしうることが示されている。地方教育当局と住民との間に解消しえない情報の非対称性が残る限り，民意による規律付けが働いたとしても，エージェンシーコストの発生を完全には排除できないといえる。

あるにせよ，「教育課程編成権」を行使することで校長自体が設定可能な学校の教育方針や教育目標を，会議体の場で熟議しその承認を得ることは，個々の教員の裁量的教育実践を越えた「学校組織としての自律的運営（School-Based Management：以下SBM）」につながるものと考えられる。すなわち，「学校運営協議会（CS）」に象徴される「学校分権」は，公教育サービスの分権的供給が，サービス供給者には運営の自律性と民意への応答性の向上を，サービス受給者には自らの選好に適った教育需要の充足機会をもたらしうることを示した「分権的政策競争（Yardstick Competition）」の効用を，体現する具体的手立ての1つとなりえよう[20]。

「学校組織としての自律的運営（SBM）」が児童生徒，教員および学校に関わる外部人材にもたらす影響に関する実証分析をサーベイしたLeithwood and Menzies（1998）によると，自律的経営の児童生徒，教員および学校に関わる外部人材にもたらす効果はプラスとマイナス両方の存在が報告され，その効果をめぐる実証的なコンセンサスは得られていないとする。ノルウェーの市町村データをもとに「教育分権」やアカウンタビリティの構造と教育改革との相関関係を検証したBonesrønning（2013）によれば，教員採用および配置，学級規模や教育手法に対する校長の裁量権が大きい自治体ほど，教育改革に前向きであるとの分析結果が示されている[21]。

学校あるいは教育委員会を含む地方教育当局への「分権化」と「民主的統制」の浸透をめぐっては，Andersson and Berger（2018）が指摘した「エリートによる捕獲（Elite Capture）」発生への懸念がある。「エリートによる捕獲（Elite Capture）」とは，公共サービスの意思決定過程において，社会経済的地位の高い一部エリートの意思が過大評価され，公共サービスの偏った配分が実現してしまう事象を指す。Andersson and Berger（2018）では，19世紀のノルウェー

20）その際，前節で述べた政策の「可視化」によって，教育サービス供給者と教育サービス受給者との間の情報の非対称性をできる限り改善しておくことは，公教育の「説明責任（アカウンタビリティ）」の向上を通じて，サービス受給者の負託に応える公教育供給の実現に寄与しうることを強調しておきたい。

21）「学校組織としての自律的運営（SBM）」の効果の実証的精査は必要であるものの，学校が地域との関係構築を深め，住民による「民主的統制」を強化するためには，「学校組織としての自律的運営（SBM）」の磨き上げが必要であることを，これら実証分析は示唆するものであるといえよう。

において，土地の名士が多い地域ほど，公的な教育予算の投入が多かったことを，市町村別のデータを用いて明らかにしている。

葛西（2014）では，「学校運営協議会（CS）」の運用をめぐって，「集団化されていない一部の保護者の意思をもって同意が調達されうる」ことへの懸念が述べられているが，「エリートによる捕獲（Elite Capture）」による保護者や地域住民の意思の偏りが，「学校運営協議会（CS）」における教育意思の表明において生じないよう，「民主的統制」の限界[22]も踏まえた公正・中立な政策判断を実現すべく，地方教育当局による「専門的」視座に立った外在的統制への一定の関与が，担保される必要があろう。

3.5. 公教育供給の変容Ⅲ
――「準市場化（Quasi-Market）」による競争と選択の拡大

日本の公教育供給への市場原理の導入は，2000年代初頭に導入された公立学校選択制に象徴される制度原理の変容として捉えられる。第2節で述べたように，教育の「外部性」に起因する市場の失敗を根拠として，教育供給における市場原理の導入には制限が求められることから，供給をめぐる競争を導入するにしても，市場の概念に修正を施すことが前提となる。本節では，Le Grand（2007）により提唱された「準市場化（Quasi-Market）」の概念を説明し，公教育供給における「選択と競争」の意義と課題を整理する。

Le Grand（2007）が提案した「準市場化（Quasi-Market）」とは，以下の3点について修正された市場における公教育供給として特徴付けられる。第1に，サービス供給者の目的は単純な利潤最大化ではなく，サービス需要者の「学習権」の確保を前提とした社会厚生の改善に置かれているということである[23]。第2

22）民主的な教育供給決定の不全性を扱った理論分析として，Epple and Ramano（1996）およびBorck（2008）がある。Epple and Romano（1996）では，教育の公的供給（公立学校）および私的供給（私立学校）が並存する状況において，中位投票者の至福点が投票均衡にならない可能性が，公立学校における質の高い教育サービスを望まない低所得者と高所得者の結託（Ends against the Middle）によって生じうることを理論的に解明している。Borck（2008）では，Epple and Romano（1996）と同様，教育における公的供給と私的教育とが並存する状況においては，公的供給の分権化によって，私的教育（私立学校教育）を望む高所得者も，公的教育（公立学校教育）を望む低所得者も，集権化のもとで実現しうるより安価な教育サービスの供給機会を喪失するため，両者の厚生が悪化する可能性があることを，理論を通じて示している。

に，供給者の参入・退出に一定の制限（設置規制）が加えられたもとで，複数の供給者の存在が担保されているということである。第3に，供給者はサービス受給者からの対価獲得ではなく，政府が公的資金を源泉に与える購買力（教育バウチャーがその代表例）の獲得をめぐって，互いに競争する環境に置かれるということである。

Le Grand（2007）は，公的資金の可処分権を公教育サービス受給者が行使することを通じて自らの選好を表明するとともに，行使された可処分権の獲得をめぐって公教育サービス供給者に競争圧力が加わることで，受給者の選択による供給者の規律付けが機能する結果，公教育の質の向上および学習機会の確保に向けた効果的な誘因が生み出されるとし，「準市場化（Quasi-Market）」を通じた公教育サービスの供給モデルを，「選択と競争モデル」と称して，「信頼モデル」，「目標モデル」，「発言モデル」に対する相対的優位性を説いた。3.4項で説明したYardstick Competitionモデルでは，サービス受給者の移動を前提としない「手による投票」による「民主的統制」であったのに対し，Quasi-Marketモデルでは，バウチャーの配分に代替されるサービス受給者の移動を前提とした「足による投票」による「準市場的統制」であると解釈できる。

「民主的統制」も「準市場的統制」も，教育当局に対する外部の視座を統制の「源泉」とするという点で，「外在的統制」に位置付けられるが，公教育供給における「公正・公平」を重んじる観点から，日本では特に「準市場的統制」に関して，教育実践の現場に競争概念を持ち込むことへの根強い抵抗感がある。「準市場化（Quasi-Market）」が「公正・公平」な学習機会を阻害するではないかという批判に対し，Le Grand（2007）は，「準市場化（Quasi-Market）」が，サービスの配分と所得の分配とを分離する手段として機能するため，効率的かつ公正な公教育サービスの提供につながると反論する。その主張の根幹は，家計の購買力を補完しかつ支出先を選択できるバウチャーの存在によって，児童生徒は保護者の購買力の水準やそれに準拠した居住地選択から解放され[24]，自らの

23） ただし，それとの両立を阻害しない範囲において，供給者の社会的な威信・信用の拡大がその目的に加わる場合がある。

24） 一般的に，居住地選択は，家計の所得水準によって制約されると考えられることから，保護者の居住地選択によって，児童生徒が通学する公立学校が決定されてしまう。私立学校の選択は，居住地による学校配当から児童生徒を開放するが，無償措置がとられる義務教育と異なり，受益者負担を旨

自由意思で通学する学校を選択できるため，個々のニーズの充足はもとより，その能力に応じた公正な学習機会の実現を保障されるというものである[25]。

公教育サービス受給者が個々の選好に適う教育ニーズを「学校選択権」の行使を通じて満たし，公教育サービス供給者が受給者の教育ニーズにけん引される形で，質の高い公教育供給を果たすことで，教育達成の向上が実現するのであれば，Le Grand（2007）の主張に，筆者も基本的には賛同する。しかしながら，児童生徒による「学校選択権」の行使に全く疑念がないわけではなく，他の3つのモデルにとって代わるほどの優位性があるとは言い切れないと考える。

日本においては，学校選択制は公立学校を対象とした通学区域指定の規制緩和を意味するものであり，学費無償の義務教育段階に限定されるため，いわゆるバウチャーを通じた学校間の選別に直結するものではなかった。その概要説明は本書第7章に譲るが，選択の対象に私立学校は含まれず，かつ実施方法も選択権を行使できる範囲を地理的に一定制約するものから，自治体内であれば自由に選択できるものまで幅があり，実施地域にも偏りがみられる。自戒を込めていうならば，Le Grand（2007）が想定する「準市場化（Quasi-Market）」の理論的帰結が，現実の学校選択制に当てはまっているかのエビデンスが十分示されておらず，学校選択制の現実的意義について，サービス受給者を含む住民全体を説得しうるだけの根拠が地方教育当局に不足していることが，海外に比べると公教育供給をめぐる「準市場化（Quasi-Market）」の導入に，これまで慎重にならざるをえなかった背景にあると考えられる[26]。

とする私立学校は，家計の経済力にその選択が左右されてしまうため，低所得の家計に属する児童生徒は，学校選択制が採用されない限り，通いたい学校を選ぶことがほぼ不可能となってしまう。

25）　もっとも，通学に伴う移動費用への公的助成が伴わなければ，学校選択制が存在し，バウチャーとして学校教育費が家計に支弁されても，児童生徒の学校選択権の行使は完全には保障されない。

26）　文部科学省（2022）「就学校の指定・区域外就学の活用状況調査について」によれば，学校選択制を導入している教育委員会は，（自治体内に複数の学校がある）教育委員会のうち小学校では21.9%，中学校では19.2%と，前回調査時である2014年の15.1%（小学校），15.6%（中学校）から増加の傾向にある。ただし，実施形態別にみると，複数の学校から就学を希望できる形式の「自由選択制」「ブロック制」「隣接区域選択制」の採用には大きな変動がみられない一方，従来の通学区域は残したままで，特定の学校について，通学区域に関係なく，当該市町村内のどこからでも就学を認める「特認校制」を採用する教育委員会数は，小学校では2014年の103から196，中学校では45から72と大幅に増加している。この背景には，子どもの数の減少が進む地方部において，競争による学校改善よりも，小規模校化を避ける目的で，学校選択制の利用が促進されていることがある。

日本の公立学校選択制を対象に，児童生徒の「学校選択権」の行使がもたらした経済的帰結を検証した実証分析の代表例として，Yoshida, Kogure and Ushijima (2009)，中村 (2009) および山下 (2021) がある。Yoshida, Kogure and Ushijima (2009) は，東京都足立区の公立中学校選択制に注目し，学校の選別や学校間の学力格差が広がったかを学区別のパネルデータを用いて検証し，学区に居住する保護者の社会的地位によって，学校の選別傾向に差が生じた一方，学校間の学力格差は拡大傾向がみられないことを示している。

中村 (2009) は，公立学校選択制による学校間競争の高まりが，平均的な学力向上に結びついているかを，東京都の 49 市区別パネルデータを用いて実証分析し，学校選択制が平均的な学力の改善に結びついたとはいえないと結論付けている。山下 (2021) では，東京都品川区のデータを用いて，学校選択制を通じて生み出される児童生徒の学校毎の特性を分析し，教育期待の高い保護者が申請希望者の多い学校に集まる傾向を確認し，学校選択の理論的帰結として指摘される「クリームスキミング」が生じている可能性があることを明らかにしている。

赤林 (2007) も指摘するように，児童生徒による「学校選択権」の行使は，保護者の経済力を公的資金で補完することのみで，達成されるわけではない。それは，「学校選択権」を行使する必要条件にすぎず，申請希望者が多く集まった学校への入学は抽選が採用されているため，児童生徒の「学校選択権」の行使には，事実上の制約がかかっている状況下に，東京都の公立学校選択制はある。Le Grand (2007) も指摘しているとおり，応募者が多く，学校が児童生徒を選べる場合，「学校選択権」の行使にはさらなる制約がかかる事態が生じうるため，「クリームスキミング」を避けるために，学校がいいとこ取りができないよう，学校の児童生徒の恣意的選別に制限を課す必要がある。「通いたい学校に通える」ことを保障するためには，学校の入学許可能力を制限し，例えば，「物理的に可能である限り児童生徒を受け入れ，選別は抽選とし，通学地域は設けない」（赤林 (2007)）といった金銭的補助以外の部分での制度設計をどのように行うかに依存していると考えられる。

2010 年より導入された高等学校等就学支援金は，当初所得制限なしに公立高校の授業料を無償化し，かつその恩恵に預かれない私立高校に通う生徒に対して，公立高校の授業料に相当する部分については補助を行っていた状況から，2014年に所得制限を導入する方式に制度が改められ，学校種にかかわらず，家計の所得水準によっては授業料がほぼ無償になる水準にまで公的補助が行われるようになった。高等学校等就学支援金は，名目上は高校に就学する生徒に直接配分される形式を持つことから，先行導入されていた公立小中学校選択制とは異なり，公費を後ろ盾とした教育バウチャーを用いて，「学校選択権」を行使できる体制が，高校段階において整備されたと解釈できる27)。

バウチャーを伴うものであろうとなかろうと，公教育供給に「選択と競争」の要素を持ち込むためには，経済理論的な帰結から制度の理念を評価することに止まらず，実際の運用において，児童生徒が個々の選好に適う教育ニーズを「学校選択権」の行使を通じて満たし，学校が教育ニーズにけん引される形で，質の高い公教育供給を果たす誘因を持つことで，教育達成の向上が実現する状況が現出しているのかに対する検証と，それに基づく具体的な制度設計をどのように行うかを構想することが重要といえよう28)。

例えば，児童生徒に「学校選択権」を行使しうるに足るだけの多様な教育供給主体（すなわち，「準市場化（Quasi-Market）」における十分な数の参入者）が存在すること，「学校選択権」の行使が移動に対し中立的となるよう，低所得家計の児童生徒と中心とした移動経費に対する補助が並行実施されること，そして賢明な選択を児童生徒が行うため，選択肢となる学校の質について十分な情報が公平に与えられること等が必要になると思われる。少子化による学校統廃

27)　高等学校等就学支援金という教育バウチャーによって，受益者負担を原則として授業料徴収をしてきた私立高校と，公費投入により授業料を安価（あるいは限りなく無償）にしてきた公立高校との進学選択は，保護者の購買力（所得水準）から中立的になりうるとともに，高等学校等就学支援金によって，私立高校に通わせる経済的余力のある保護者の学校教育に対する「二重払い（税金と授業料）」の問題は改善に向かうため，Epple and Romano（1996）が示した低所得者と高所得者の結託（Ends against the Middle）は生じにくくなり，公立高校の教育の質を高めるための公費投入への抵抗感は薄まりうることが，制度導入の効用と考えられる。

28)　Hatfield, Kojima and Narita（2012）は，複数ある学校選択制の方式の理論的帰結を検証し，異なる方式が異なる教育の質をもたらす誘因を学校に生じさせ，採用される方式によっては，教育の質を悪化させる誘因を学校に生じさせる可能性があることを示している。Rothstein（2006）は，米国のNational Educational Longitudinal Survey のパネルデータをもとに，保護者の学校選択が各学校の教育の質や特性ではなく，同級生が誰かによってほぼ決定されているとして，学校選択制の導入による教育の質の向上に対し，懐疑的な見方を提示している。

合が進む日本の実情を踏まえるならば，公立小中学校選択制の導入・存続は，自治体内に複数の学校が設置され，また，校区外通学における移動の至便性が確保されている都市部に限定されたものとみなすことが現実的であろう[29]。

以上のような諸条件が整った状況下において，学校選択制を軸とする公教育供給への「選択と競争」の効果に対する確たる評価が定まるものと考えられることから，公立小中学校選択制の分析対象は，都市部を中心としたものに力点が置かれるものと考えられる。一方，高等学校等就学支援金を通じた公立高校選択をめぐっては，少子化の影響を全く受けないわけではないが，私立高校との競争風土が従来から存在すること，生徒の身体的発達によって，小中学校の児童生徒よりも，物理的な移動への配慮は軽減しうることなどを踏まえるならば，地域性に一定配慮を要するも，全国を対象とした分析になじむと判断される[30]。公立小中学校選択制や高等学校等就学支援金によって，児童生徒の学校選択を通じた進路選択は多様化する可能性があること，学校の地域での独占的教育供給の状況に変化が生じうるということを実証的に解明することを起点としつつ，その確たる評価は，選択制の導入によって，児童生徒の教育達成（平均的な学力等）が向上したかどうかの立証を待たねばならないといえよう。

4. おわりに

本章では，日本の公教育供給をめぐる政策・制度の変容の底流を，Le Grand (2007) の公共サービス供給の 4 つのモデルに照らして整理し，公教育の経済学的特質に照らして，教育政策の手段変容の意義と課題を考察してきた。教員の「専門性」に児童生徒の「学習権」確立を委ね，文部科学省－教育委員会－学校という階統制体系を通じた教育条件をめぐる形式的平等の達成を重んじる「信

29) 前述した文部科学省（2022）の調査によると，調査対象の 1,751 市町村教育委員会のうち，就学校を指定しうる学校が 2 校以上ない委員会数の割合は，小学校で 17%，中学校で 35% に上る状況にある。

30) Akabayashi and Araki (2011) では，東北・北陸地域の 8 県における全日制高等学校の学校別パネルデータを用いて，都道府県が実施する「私立高等学校授業料等軽減補助金」が私立高等学校生徒の中途退学に与える影響を分析し，授業料補助の充実が私立高校生徒の中途退学率を引き下げる効果が，特に専門学科等において見出しうることを明らかにしている。

頼モデル」に依拠した日本の公教育の運営原理は,「主体的・個別的かつ協働的な」学びの実践を通じて,児童・生徒に求められる「資質・能力」の獲得にまで「説明責任(アカウンタビリティ)」を求められる教育保障の拡張に,柔軟かつ機動的に対応しえるのかという点において,疑問符がつくといえる。

エビデンスに基づく教育によって「可視化」される教育達成の検証・改善を目指す「目標モデル」,保護者や住民の公教育に対する視座を取り入れ熟議に基づく「分権的・自律的」な学校(および教育当局)運営を目指す「発言モデル」,教育供給における「選択と競争」の機会を広げ教育の質の向上と公正な学習機会の確保を目指す「選択と競争モデル」それぞれに問題点を内包しているものの,公教育に携わる教育専門職の動機と教育環境の変化への対応力という2点において,教員の個別的裁量性に立脚する「信頼モデル」よりも,保護者や地域を巻き込んだ「協働による組織的教育実践」(多元的教育統治)を成しうる3つのモデルの方が,教育運営および教育統制の改善深化を期待できるというのが,内外の先行研究を踏まえた本章の暫定的結論である。

本書では,教育政策の手段変容に関する以上のような認識・理解をベースとし,3つのモデルに関連した政策手段・制度変革の教育現場での受容の実態を把握し,教育の質の向上や学習機会の保障の視点を踏まえつつ,可能な限り政策・制度変容の効果を検証することで,日本の公教育における運営と統制の改善に資する政策選択は何かを議論・判断する論拠を提示することを目指す[31]。以下,各章で展開される実証分析の概要およびその学術的意義を説明することで,本書に通底する分析視点を明らかとする。

第1章「学校運営改善と教育達成」では,日本の小中学校における教育達成が,学校の運営改善(Management Practices),すなわち,学習指導計画の策定や学校の課題共有をめぐる教員同士の協働実績,学力調査結果を踏まえた教科指導方法の改善実績等からどの程度影響を受けているかを,文部科学省が実施する「全国学調」の本体調査個票データの学校ローデータ(2015~2018年度)を用いて実証分析する。

第2章「私立高校学納金の規定要因」では,2010年4月および2014年4月に

31) 個人単位の個票パネルデータを用いた実証分析は実施しておらず,政策手段・制度変容が,児童生徒に与える直接的な効果や影響の検証は,分析対象としていない。

導入された高等学校等就学支援金制度に付随する形で実施された，都道府県による私立高校生対象の就学支援事業が，私立高校の学納金の水準に影響を与えたかどうかを，2009～2016年度の都道府県パネルデータを用いて実証分析する。

第3章「世代別政治力が自治体による教育の公的助成に与える影響」では，教育に対する公的助成を代表するものとして，地方自治体に裁量権がある準要保護率に着目し，2000年代の6カ年度における都道府県パネルデータをもとに，準要保護率の設定が少子高齢化に伴う（人口動態および政治参加の両要因を加味した）世代別政治力の変化から影響を受けているかどうかを実証分析する。

第4章「公教育をめぐる政府間の共有責任と戦略的相互依存」では，公教育をめぐる政治家同士の戦略的相互依存の帰結として，地方自治体の公教育サービスの分権的供給水準が内生的に決まることを理論的に示したうえで，それが日本における公教育の分権的供給の一事例である少人数学級化を説明する要因になりうるかを，道府県パネルデータを用いて検証する。

第5章「政令指定都市への学級編制基準決定権の権限移譲の効果」では，2017年4月に実施された政令指定都市への教職員に係る事務・権限の移譲が教育資源の決定に影響を与えたかを，学級規模（学級当たりの児童数）への影響を中心に実証分析する。具体的には，小学校の第1学年および第2学年の学級当たりの児童数（単式学級）を被説明変数とするDID推定によって，道府県から政令指定都市への権限移譲の効果の有無を検証する。

第6章「学校運営改善が地域連携教育の推進に与える影響」では，小中学校における学校運営協議会（CS）を含む地域と学校の協働活動（地域連携教育）の推進が，学校運営改善（教員協働による組織的教育，「全国学調」の成果検証・改善への取り組み，教職員の職能形成，教科横断的カリキュラム・マネジメントの構築）からどの程度影響を受けているかを，文部科学省が実施する「全国学調」の本体調査個票データの学校ローデータ（2015～2019年度）を用いて実証分析する。

第7章「公立小学校選択制が中学進学における進路多様化に及ぼす影響」では，学校選択制の導入が進んでいる東京都の区市に着目し，公立小学校の学校選択制の導入実績が，中学校入学における進路選択の多様化に結びついているかどうかを，区市別パネルデータを用いた回帰分析により検証する。

終章「公教育運営の着地点」では，本書の実証分析で得られた結果を要約し，それぞれから導かれる政策的含意を述べるとともに，日本の公教育運営および統制の改善に，Le Grand（2007）が提示した4つのモデルのどの要素が寄与しうるかを整理することで，日本の公教育における運営と統制の改善の方向性についての示唆を提示する。

各章の実証分析は，Le Grand（2007）の公教育サービス供給モデルと，それぞれ以下のような対応関係で結ばれている。第1章および第6章では，学校運営改善と教育達成および地域連携教育の関わりを検証することで，「目標モデル」で強調される政策の「可視化」について取り上げる。第2章および第7章は，教育段階別の学校選択に関わるテーマを取り上げることで，「選択と競争モデル」で強調される「足による投票」を通じた学校選択制の帰結および学校の行動変容について取り上げる。第3章，第4章，および第5章は，「発言モデル」において強調される「手による投票」を通じた教育政策への「民主的統制」の帰結ならびにサービス受給者への応答性を高めうる「分権的教育供給」への現場受容の実態を解明する。各章で展開される実証分析を通底する視座は，政策手段の変容（あるいは今後予想される手段変容の深化）を教育現場がどのように受容しているか（どのように受容することが予想されるか）について，実証的手法をもとに検証することで，日本の公教育運営および公教育統制の改善に資する視点への展望を得ることにある。

第1章　学校運営改善と教育達成
――国公立小中学校パネルデータを用いた実証分析――

1. はじめに

公的部門において「証拠に基づく政策立案（Evidence-Based Policy Making）」の必要性が叫ばれて久しい。教育政策もその例外ではなく，児童生徒の認知能力（学力）や非認知能力といった教育達成が，教育のいかなる側面から影響を受けうるかの検証を試みた内外の実証分析は，あまた存在する。その大半が，学校・学校外教育を問わず教育資源（児童生徒-教員比率，学級規模，家庭の所得水準，学校および家庭の蔵書数といった文化資本等）に焦点を当てたものである一方，教育経営や学校管理といった学校の運営改善（Management Practices）に焦点を当てた実証分析の蓄積は，Bloom et al.（2015b）を除き乏しい。

Management Practices が経営の成果に与える影響を検証した実証分析は，Bloom and Van Reenen（2007）に端を発し，民間製造・非製造業を対象とする分析から，医療（Bloom et al.（2015a）），運送（Kawasaki et al.（2023）），学校教育等（Dobby and Fryer（2013），Bloom et al.（2015b））のサービス業を対象とする分析へと対象を拡張していった。このうち，学校教育に至っては，現状，データの不足も相まって，Dobby and Fryer（2013），Bloom et al.（2015b）らに類似した，日本の国公立学校を対象とした分析は，筆者の知る限り皆無である。

公立学校選択制（就学校指定の規制緩和），学校評価，非正規教員の拡大（教員供給の多様化），スクールソーシャルワーカーの配置（教育現場における多職種協働の拡大），中高一貫校や義務教育学校の設立（学校種の多様化），カリキュラム・マネジメントの導入（学習指導要領の改訂）等，2000年代より進められてきた教育政策の改革は，その賛否は分かれるにせよ，学校管理と教育達成との結びつきを意識したものであったと解釈できる。地域社会との連携を目指す「学校運営協議会（CS）」の設置も，学校の管理・統治（ガバナンス）の構造変革を通じて，学校による保護者や地域社会へのアカウンタビリティの向上，ひいては教育の質の向上を意図した政策展開であったと解せられる。以上のような点を踏まえるならば，国公立学校における Management Practices が，教育達成にどのような影響を及ぼしているのかを検証することは，日本の教育施策の効果検証に欠くことのできない分析テーマであるといえよう。

本章では，以上のような問題意識に立ち，日本の国公立小中学校における教育達成が，学習指導計画の策定や学校の課題共有をめぐる教員同士の協働実績，学力調査結果を踏まえた教科指導方法の改善実績等からどの程度影響を受けているかを，文部科学省が実施する「全国学力・学習状況調査」（以下「全国学調」）の本体調査個票データの学校ローデータを用いて実証分析する。その際，日本の学校組織を「教員の個別的裁量性を軸とした個業型組織」とみなす佐古（2005）の見解を踏まえ，学校の基本的運営方針やビジョンを教員間で共有できている学校ほど，教育達成の向上が見込めるという仮説の検証に力点を置く。

本章の構成は，以下のとおりである。第2節では，教科横断的な「資質・能力」の育成を目指し，新学習指導要領に明示された「教育課程の意図的・計画的・組織的な配列（以下，カリキュラム・マネジメント）」の考え方を概括し，その教育現場での受容に既存の学校組織が耐えうるための視点について簡潔に述べる。第3節では，小中学校における学校運営が，学校単位で捉えた児童生徒の教育達成に与える影響を，国公立小中学校ローデータを用いて検証する。第4節では，本章の結論を要約のうえ，残された課題を指摘する。

2. 教科横断的な「資質・能力」の効果的な育成と学校運営

2017・2018年にわたり改訂された学習指導要領では，教科横断的な「資質・能力」の育成が謳われ，その実現のための手段としてカリキュラム・マネジメントの導入が提起された。不確実性と複雑性が高まる社会において，個々の教科内容に閉じこもる知識・技能を越えた，教科横断的な知識・技能を取得し，未知の状況にも対応しうる「資質・能力」を育成する重要性を強調することが，改訂学習指導要領の柱の1つとなっている。

カリキュラム・マネジメントは，「情報の吸収に重きを置く学力観」から「知識の構築に重きをおく学力観」への転換を目指し，教育課程においてその実践を具現化する手段と位置付けられるものである。2016年12月21日の中央教育審議会答申では，「教科横断的な視点で教育内容を組織的に配列すること」，「教育課程を編成し，実施し，評価して改善を図る一連のサイクルを確立すること」，「教育活動に必要な人的・物的資源等を，地域の外部資源も含めて活用すること」（以上，筆者による要点の抜粋）の3点で特徴付けられているが，教科横断的な学びで，未知の状況に対応しうる「資質・能力」を効果的に育むべく，教育課程を意図的・計画的・組織的に配列する試みであると解釈される。

教育現場において，科目横断的な「資質・能力」の育成に必須というべき要素は，カリキュラム・マネジメントの構築に向けた教員同士の協働の下地（組織的教育を実践しうる内在的な運営体制）の整備であると考えられる。佐古（2005）は，「教職員の個別的裁量性ゆえに学校組織は自己完結的傾向に転化する契機を有して」おり，「教職員が相互的に教育活動の改善に関与することが困難となっている学校の状況は個業型組織とみることが適切」と述べている[1]。個業型組織化した学校において，各教員の関心は担任を受け持つ学級や担当教科に限定されがちとなることは容易に類推されるが，佐古（2005）で示された学校組織への視座に立つ限り，教員の個別的裁量性が幅を利かす教育現場において，それを是とする学校文化は，カリキュラム・マネジメントの阻害要因となるうるものと予想される。

個業型組織の弊害を取り除くために，佐古（2005）では「教職員の自律的な教育活動と協働化を両立させるプロセス，仕組みが重要」と結論付けられているが，改訂学習指導要領が強調する教科横断的な「資質・能力」の効果的な育成のためには，教育観や教育目標が個々の教員で個業化しやすい学校文化を改め，学校の基本的な運営方針やビジョンを教員間で共有・協働できる下地づくり

1）　学校組織が個業化しやすい背景として，佐古（2005）では，教育目標や教育方法の多様性，児童生徒の多様性や流動性といった教育活動に付随する不確実性に，日本の教職員は，不定形かつ無限定に対処する傾向が強く，結果として自己完結型の教職遂行を招いていることがあるとしている。

（内在的な体制整備）が不可欠といえるのではないだろうか。次節では，この点を解明すべく，小中学校における学校運営改善が，学校毎の児童生徒の教育達成の向上に影響を与えるかを実証分析する。

3. 実証分析

本節では，小中学校における学校運営（教員協働による組織的教育，「全国学調」の成果検証・改善への取り組み，教職員の職能形成，教科横断的カリキュラム・マネジメントの構築）が，学校の教育達成に与える影響を，国公立小中学校別パネルデータを用いて検証する。3.1項では，実証分析に用いるモデルの定式化を行う。3.2項では，データについて説明する。3.3項では，推定結果を解釈し，そこから導かれる政策的含意について述べる。

3.1. 推定モデルの特定化

本節では，国公立小中学校における学校運営が，学校毎の児童生徒の平均的な学力上昇および学年内の学力の平準化に影響を与えるかを実証分析する。具体的には以下のような固定効果モデルをもとに，2015～2018年度の「全国学調」の小中学校別パネルデータを用いて，学校の運営改善が教育達成に与えた影響を実証分析する。

$$y_{it}=\alpha_0+\mu_i+\phi_t+\sum_{q=1}^{4}\beta_q mps_{it}^{q}+\sum_{k=1}^{6(7)}\gamma_k x_{it}^{k}+\varepsilon_{it} \tag{1}$$

ここで，y_{it}は学校毎の「全国学調」の国語および算数（あるいは数学）の平均正答率および正答数の変動係数を表す。mps_{it}は学校運営改善の程度を示すManagement Practicesの値であり，「全国学調」の学校質問紙にある段階的な選択肢への回答を，①教員協働による組織的教育，②「全国学調」の成果検証・改善への取り組み，③教職員の職能形成，④教科横断的カリキュラム・マネジメントの構築の4つの項目毎に集計してスコア化したものである。x_{it}は教育達成等に影響を与えうる学校の属性に関する変数であり，家庭学習との連携，児童生徒対教員比率，学校規模，学校形態および就学援助を受けている児童生徒の比率等を表す。μ_iは個体効果，ϕ_tは時間効果，ε_{it}はクラスター内での不均一分散を仮定した誤差項であり，$\varepsilon_{it} \sim iid(0, \sigma^2_{\varepsilon_i})$ を満たす。β が統計的に有意ならば，学校運営改善は教育達成に影響を与えていると解釈される。なお，平均正答率については，年度間の難易度の違いを，Management Practices 指標および家庭学習との連携および就学援助を受けている児童生徒の比率については，序数の和あるいは序数として変数化されていることを考慮し，いずれも平均を0，標準偏差が1となるよう標準化した値を用いている。

3.2. データ

（1）式の推定は，2015～2018 年度の国公立小中学校別パネルデータを用いて行う。以下推定に用いたデータについて述べていこう。

被説明変数である学力テストの平均正答率は，文部科学省より貸与を受けた「全国学調」の本体調査個票データの学校ローデータにある教科別の平均正答率（スケール変数）を用いた。2018 年度実施分までは，基礎的な内容を問う設問 A と応用的な内容を問う設問 B に設問自体が分かれていたため，設問のカテゴリー毎に推定を行った。

被説明変数である学力テストの変動係数は,「全国学調」の本体調査個票データの学校ローデータにある教科別正答数の標準偏差（スケール変数）を平均正答数（スケール変数）で除することで求めた。こちらも，基礎的な内容を問う設問 A と応用的な内容を問う設問 B に設問自体が分かれていることを踏まえ，設問のカテゴリー毎に推定を行った。

説明変数である学校運営改善（Management Practices：以下 MPS）の指標については,「全国学調」の中で実施される学校への質問紙の回答（3 段階あるいは 4 段階別の回答）を学校単位で集計し，学校運営改善の程度をスコア化した。具体的には，本章末に示した質問項目に関する回答を，①教員協働による組織的教育，②「全国学調」の成果検証・改善への取り組み，③教職員の職能形成，④教科横断的カリキュラム・マネジメントの構築の 4 つのカテゴリーに整理集約し，カテゴリー毎のスコアを集計した他，全カテゴリーのスコアを集計した総合的な学校運営改善の指標（総合 MPS）として作成した。

説明変数にある家庭教育との連携についても，MPS 指標に類似した方法にて，本章末に示した質問項目に関して,「全国学調」の学校への質問紙の回答（4

図表 1-1　記述統計（小学校）

変数名	平均	標準偏差	最大	最小
y_{it} 国語 A 平均正答率	56.986	27.879	100	4.5
y_{it} 国語 B 平均正答率	58.696	8.799	100	10
y_{it} 数学 A 平均正答率	73.671	9.220	100	12.5
y_{it} 数学 B 平均正答率	47.070	7.897	100	4.5
y_{it} 国語 A の変動係数	0.266	0.074	1.24	0
y_{it} 国語 B の変動係数	0.406	0.102	1.44	0
y_{it} 算数 A の変動係数	0.275	0.841	0.974	0
y_{it} 算数 B の変動係数	0.477	0.106	1.41	0
mps_{it} MPS（総合）	26.503	3.817	33	9
mps_{it}^1 MPS（教員協働による組織的教育）	4.951	0.930	6	0
mps_{it}^2 MPS（「全国学調」の成果検証・改善の取り組み）	6.932	1.373	9	2
mps_{it}^3 MPS（教職員の職能形成）	10.042	1.654	12	3
mps_{it}^4 MPS（教科横断的カリキュラム・マネジメント）	4.579	1.104	6	0
x_{it}^1 家庭教育との連携	2.317	0.617	3	0
x_{it}^2 生徒数	3.608	1.276	6	1
x_{it}^3 教員数	4.605	1.840	9	1
x_{it}^4 学校規模（単式 2 学級）	0.317	0.465	1	0
x_{it}^5 学校規模（単式 3 学級以上）	0.311	0.463	1	0
x_{it}^7 就学援助受給比率	2.455	1.475	6	0

段階）を変数として用いた。学校形態については，中等教育学校，義務教育学校を 1 とするそれぞれのダミー変数を，学校規模については，小学校については単式 2 学級，単式 3 学級以上を 1 とするダミー変数を，中学校については単式 4～5 学級，単式 6 学級以上を 1 とするダミー変数を，児童生徒対教員比率については，調査対象である学年の児童生徒数を全教員数で除することで求めた。就学援助を受けている児童生徒の比率については，学校への質問紙で回答されている段階別の値を 6 段階（就学援助率の割合が高いもののスコアが段階的に上がる）に序数化した変数を用いることにした[2)]。なお，3 段階と 4 段階の回答が混在する MPS 指標，多段階で序数回答となっている家庭教育との連携および就学援助を受けている児童生徒の比率については，いずれも平均を 0，標準偏差が 1 となるよう標準化した値を用いている。各変数の原系列の記述統計

2）2015，2016 年度については 6 段階の選択肢からの回答，2017 年度については実数での回答，2018 年度は 9 段階の選択肢からの回答であったものを，6 段階の選択肢からの回答に統一した。

図表 1-2　記述統計（中学校）

変数名	平均	標準偏差	最大	最小
y_{it} 国語 A 平均正答率	76.418	4.939	98.5	19.191
y_{it} 国語 B 平均正答率	66.646	7.608	100	5.555
y_{it} 数学 A 平均正答率	64.297	7.637	100	5.555
y_{it} 数学 B 平均正答率	45.120	8.219	93.6	3.333
y_{it} 国語 A の変動係数	0.211	0.053	1	0
y_{it} 国語 B の変動係数	0.341	0.078	1.251	0
y_{it} 数学 A の変動係数	0.337	0.077	1.400	0
y_{it} 数学 B の変動係数	0.506	0.112	1.583	0
mps_{it} MPS（総合）	24.976	4.132	33	6
mps^1_{it} MPS（教員協働による組織的教育）	4.763	0.953	6	1
mps^2_{it} MPS（「全国学調」の成果検証・改善の取り組み）	6.683	1.422	9	2
mps^3_{it} MPS（教職員の職能形成）	9.238	1.876	12	1
mps^4_{it} MPS（教科横断的カリキュラム・マネジメント）	4.292	1.195	6	0
x^1_{it} 家庭教育との連携	2.183	0.629	3	0
x^2_{it} 生徒数	3.625	1.219	6	1
x^3_{it} 教員数	5.300	1.961	9	1
x^4_{it} 学校規模（単式 4～5 学級）	0.311	0.463	1	0
x^5_{it} 学校規模（単式 6 学級以上）	0.162	0.369	1	0
x^8_{it} 就学援助受給比率	2.828	1.307	6	0

については，図表 1-1 および図表 1-2 を参照されたい。

3. 3. 推定結果

ここでは，(1) 式をパネル回帰分析することで得られた推定結果を示し，その結果について解釈を行う。Sargan-Hansen 検定による fixed effects model か random effects model かの選択，Breusch-Pagan 検定による pooled model か random effects model かの選択を行い，採択された fixed effects model のみの結果が報告されている。なお，本章では，サンプル期間における時点の違い（テストの内容等）を考慮し，個体効果および時間効果の両方を含む two-way error components model での推定が妥当である判断した。

3. 3. 1. 総合 MPS の推定結果

説明変数を総合 MPS として (1) 式をパネル分析した結果が，図表 1-3，1-4，

図表 1-3 国公立小学校の推定結果(国語―総合 MPS)

パラメータ(変数名)	国語A		国語B	
	(a) 平均正答率	(b) 変動係数	(a) 平均正答率	(b) 変動係数
α_0(定数項)	−0.2039*** (0.0188)	0.2485*** (0.0016)	0.8827*** (0.0176)	0.3590*** (0.0021)
β(総合 MPS)	0.0119*** (0.0043)	−0.0009** (0.0003)	0.0115*** (0.0040)	−0.0016*** (0.0005)
γ_1(家庭学習との連携)	0.0289*** (0.0038)	−0.0015*** (0.0003)	0.0249*** (0.0036)	−0.0020*** (0.0004)
γ_2(児童対教員比率)	−0.0083*** (0.0016)	0.0014*** (0.0001)	−0.0111*** (0.0015)	0.0023 (0.0002)
γ_3(学校規模―単式2学級)	−0.0091 (0.0156)	0.0030** (0.0013)	0.0094 (0.0144)	0.0030* (0.118)
γ_4(学校規模―単式3学級以上)	−0.0203 (0.0191)	0.0045*** (0.0015)	0.0113 (0.0173)	0.0032 (0.002)
γ_5(学校形態―義務教育学校)	−0.0236 (0.1243)	0.0021 (0.0104)	0.0874 (0.1041)	−0.0108 (0.0125)
γ_6(就学援助を受けている児童比率)	−0.0848*** (0.0066)	0.0059*** (0.0005)	−0.0734*** (0.0064)	0.0088*** (0.0008)
Sargan-Hansen	900.34***〈7〉 (0.000)	729.43***〈7〉 (0.000)	1029.74***〈7〉 (0.000)	747.93***〈7〉 (0.000)
Breusch-Pagan	13009.84*** (0.000)	6858.90*** (0.000)	12975.71*** (0.000)	6722.67*** (0.000)
$AdjR^2$	0.106	0.154	0.234	0.074
サンプルサイズ	69,372	69,372	69,372	69,372

注1) 推定結果は,モデルの定式化の誤りに対する検定の結果採択された fixed effects model の推定値である。また,簡略化のため,定数項,個体効果および時間効果の値は省略している。
注2) *** は両側1% の有意水準,** は両側5% の有意水準,* は両側10% の有意水準であることを示す。
注3) パラメータ内の括弧はクラスターロバストな標準誤差を,Sargan-Hansen,Breusch-Pagan の括弧は p-value を,Sargan-Hansen の〈 〉の数字は自由度を示す。

1-5,1-6 に示されている。図表にある(a)は標準化を行った平均正答率を,(b)は正答数をもとに算出した変動係数を,それぞれ被説明変数とする推定結果である。

係数の統計的有意性および符号条件について,図表 1-3,1-4,1-5,1-6 をもとに,検討していくことにしよう。総合的な学校運営改善が平均正答率に与え

図表 1-4　国公立小学校の推定結果（算数—総合 MPS）

パラメータ（変数名）	算数 A		算数 B	
	(a) 平均正答率	(b) 変動係数	(a) 平均正答率	(b) 変動係数
α_0（定数項）	0.2890*** (0.0147)	0.2410*** (0.0016)	−0.1372*** (0.0187)	0.4500*** (0.0023)
β（総合 MPS）	0.0140*** (0.0033)	−0.0009** (0.003)	0.0111*** (0.0041)	−0.0009* (0.0005)
γ_1（家庭学習との連携）	0.0249*** (0.0029)	−0.0018*** (0.0003)	0.0284*** (0.0037)	−0.0022*** (0.0004)
γ_2（児童対教員比率）	−0.0101*** (0.0013)	0.0018*** (0.0001)	−0.0135*** (0.0016)	0.0027*** (0.0002)
γ_3（学校規模—単式 2 学級）	−0.0153 (0.0119)	0.0037** (0.0013)	−0.0184 (0.0149)	0.0056*** (0.0018)
γ_4（学校規模—単式 3 学級以上）	−0.0204 (0.0146)	0.0047** (0.0015)	−0.0131 (0.0180)	0.0055** (0.0021)
γ_5（学校形態—義務教育学校）	0.0738 (0.0931)	−0.0092 (0.0087)	0.1221 (0.1171)	−0.0157 (0.0153)
γ_6（就学援助を受けている児童比率）	−0.0684*** (0.0050)	0.0071*** (0.0005)	−0.0803*** (0.0068)	0.0098*** (0.0008)
Sargan-Hansen	725.67***〈7〉 (0.000)	598.25***〈7〉 (0.000)	947.31***〈7〉 (0.000)	649.52***〈7〉 (0.000)
Breusch-Pagan	14985.74*** (0.000)	8197.58*** (0.000)	14970.76*** (0.000)	6019.31*** (0.000)
AdjR^2	0.467	0.278	0.112	0.119
サンプルサイズ	69,372	69,372	69,372	69,372

注 1）　推定結果は，モデルの定式化の誤りに対する検定の結果採択された fixed effects model の推定値である。また，簡略化のため，定数項，個体効果および時間効果の値は省略している。
注 2）　*** は両側 1% の有意水準，** は両側 5% の有意水準，* は両側 10% の有意水準であることを示す。
注 3）　パラメータ内の括弧はクラスターロバストな標準誤差を，Sargan-Hansen，Breusch-Pagan の括弧は p-value を，Sargan-Hansen の〈 〉の数字は自由度を示す。

る影響を示す β は，小中学校ともに，国語 A，国語 B，算数 A，算数 B，数学 A，数学 B いずれを被説明変数とする場合でも，プラスで符号条件を満たし，かつ統計的に有意となっている。

一方，総合的な学校運営改善が正答数の変動係数に与える影響を示す β は，小中学校ともに，国語 B，算数 A，算数 B，数学 A，数学 B いずれを被説明変

図表 1-5 国公立中学校の推定結果（国語—総合 MPS）

パラメータ（変数名）	国語 A		国語 B	
	(a) 平均正答率	(b) 変動係数	(a) 平均正答率	(b) 変動係数
α_0（定数項）	−0.0464** (0.0223)	0.2210*** (0.0015)	−0.0633*** (0.0197)	0.3141*** (0.0022)
β（総合 MPS）	0.0106** (0.0052)	−0.0005 (0.0003)	0.0163*** (0.0046)	−0.0011*** (0.0005)
γ_1（家庭学習との連携）	0.0109*** (0.0045)	−0.0005** (0.0003)	0.0025 (0.0040)	−0.0001 (0.0004)
γ_2（生徒対教員比率）	−0.0056 (0.0051)	0.0007** (0.0003)	−0.0058 (0.0045)	0.0012** (0.0005)
γ_3（学校規模—単式 4～5 学級）	−0.0040 (0.0154)	0.0001 (0.0009)	0.0253* (0.0138)	−0.0006 (0.0014)
γ_4（学校規模—単式 6 学級以上）	−0.0040 (0.0210)	0.0008 (0.0013)	0.0234 (0.0187)	0.0001 (0.0018)
γ_5（学校形態—中等教育学校）	−0.4257*** (0.0200)	−0.0033*** (0.0012)	0.5264*** (0.0173)	−0.0089*** (0.0018)
γ_6（学校形態—義務教育学校）	−0.0846 (0.1200)	−0.0005 (0.0096)	−0.1341 (0.1290)	0.0043 (0.0125)
γ_7（就学援助を受けている生徒比率）	−0.0725*** (0.0098)	0.0042*** (0.0006)	−0.0617*** (0.0088)	0.0057*** (0.0009)
Sargan-Hansen	1064.83***〈8〉 (0.000)	849.88***〈8〉 (0.000)	801.90***〈8〉 (0.000)	784.40***〈8〉 (0.000)
Breusch-Pagan	14697.10*** (0.000)	7404.61*** (0.000)	11817.32*** (0.000)	7442.32*** (0.000)
$AdjR^2$	0.055	0.091	0.304	0.095
サンプルサイズ	34,244	34,244	34,244	34,244

注 1） 推定結果は，モデルの定式化の誤りに対する検定の結果採択された fixed effects model の推定値である。また，簡略化のため，定数項，個体効果および時間効果の値は省略している。
注 2） *** は両側 1% の有意水準，** は両側 5% の有意水準，* は両側 10% の有意水準であることを示す。
注 3） パラメータ内の括弧はクラスターロバストな標準誤差を，Sargan-Hansen，Breusch-Pagan の括弧は p-value を，Sargan-Hansen の〈 〉の数字は自由度を示す。

数とする場合でも，マイナスで符号条件を満たし，かつ統計的に有意となっており，また，国語 A については，小学校ではマイナスで統計的に有意となる一方，中学校ではマイナスではあるものの，統計的に有意となっていない。

図表 1-6 国公立中学校の推定結果（数学—総合 MPS）

パラメータ（変数名）	数学 A		数学 B	
	(a) 平均正答率	(b) 変動係数	(a) 平均正答率	(b) 変動係数
α_0（定数項）	0.0504** (0.0186)	0.3214*** (0.0017)	−0.3929*** (0.0190)	0.5705*** (0.0028)
β（総合 MPS）	0.0128*** (0.0046)	−0.0009** (0.0004)	0.0208*** (0.0045)	−0.0031*** (0.0006)
γ_1（家庭学習との連携）	0.0125*** (0.0040)	−0.008** (0.0004)	0.0075** (0.0038)	−0.0002 (0.0005)
γ_2（生徒対教員比率）	−0.0092** (0.0042)	0.0012*** (0.0004)	−0.0082* (0.0044)	0.0016*** (0.0007)
γ_3（学校規模—単式 4～5 学級）	−0.0008 (0.0142)	−0.0003 (0.0012)	0.0187 (0.0133)	−0.0023 (0.0017)
γ_4（学校規模—単式 6 学級以上）	0.0007 (0.019)	0.0006 (0.0017)	0.0065 (0.0179)	−0.0012 (0.0023)
γ_5（学校形態—中等教育学校）	−0.3069*** (0.0178)	−0.0018 (0.0015)	−0.3911*** (0.0169)	0.0090*** (0.0022)
γ_6（学校形態—義務教育学校）	−0.1281 (0.1039)	0.0050 (0.0113)	−0.1802 (0.1119)	0.0105 (0.0160)
γ_7（就学援助を受けている生徒比率）	−0.0630*** (0.0087)	0.0064*** (0.0008)	−0.0576*** (0.0083)	0.0073*** (0.0011)
Sargan-Hansen	911.60***〈8〉 (0.000)	746.70***〈8〉 (0.000)	935.03***〈8〉 (0.000)	955.92***〈8〉 (0.000)
Breusch-Pagan	19036.26*** (0.000)	11871.01*** (0.000)	18693.73*** (0.000)	8744.82*** (0.000)
$AdjR^2$	0.060	0.086	0.111	0.237
サンプルサイズ	34,244	34,244	34,244	34,244

注 1） 推定結果は，モデルの定式化の誤りに対する検定の結果採択された fixed effects model の推定値である。また，簡略化のため，定数項，個体効果および時間効果の値は省略している。
注 2） *** は両側 1% の有意水準，** は両側 5% の有意水準，* は両側 10% の有意水準であることを示す。
注 3） パラメータ内の括弧はクラスターロバストな標準誤差を，Sargan-Hansen，Breusch-Pagan の括弧は p-value を，Sargan-Hansen の〈 〉の数字は自由度を示す。

学校運営改善以外の変数に関しては，家庭学習との連携を示す γ_1 は小中学校ともに，中学校の国語 B の平均正答率と変動係数，数学 B の変動係数を被説明変数とする場合を除き，いずれも平均正答率についてはプラスで，変動係数についてはマイナスで有意となっている。児童生徒対教員比率を示すγ_2は小中学校ともに，小学校の国語Bの変動係数，中学校の国語Aおよび国語Bの平均正答率を被説明変数とする場合を除き，いずれも平均正答率についてはマイナスで，変動係数についてはプラスで有意となっている。加えて，就学援助を受けている児童生徒比率を示す$\gamma_{6(7)}$が小中学校ともに，いずれも平均正答率についてはマイナスで有意に，変動係数についてはプラスで有意となっている。

以上の推定結果を踏まえると，総合的な学校運営改善が平均正答率で評価した教育達成に与える影響については，小中学校いずれの教育段階においても，プラスの影響を持つと解釈される。一方，正答率の変動係数で評価した教育達成に与える影響については，「全国学調」の一部対象科目を除き，おおむねマイナスの影響を持つことから，学校運営改善は，対象学年内における学力の平準化に寄与していると解釈される。学校運営改善以外への教育達成への影響に関しては，家庭学習との連携が進んでいる学校，（児童生徒への個別学習指導がより容易であると想像される）児童生徒対教員比率が低い学校，就学援助を受けている児童生徒の比率が低い学校ほど，平均正答率および変動係数（学力の平準化）で評価した教育達成には，肯定的な影響があると解釈される。

3.3.2. 個別MPSの推定結果

説明変数を個別MPSとして（1）式をパネルデータ分析した結果が，図表1-7，1-8，1-9，1-10に示されている。図表にある（a）は標準化を行った平均正答率を，（b）は正答数をもとに算出した変動係数を，それぞれ被説明変数とする推定結果である。

係数の統計的有意性および符号条件について，図表1-7，1-8，1-9，1-10をもとに，検討していくことにしよう。まず，「全国学調」の成果検証・改善への取り組みが教育達成に与える影響を示すβ_2については，小中学校ともに，国語A，国語B，算数A，算数B，数学A，数学Bいずれを被説明変数とする場合でも，平均正答率に関してはプラスで，正答数の変動係数に関してはマイナスで，それぞれ符号条件を満たし，かつ統計的に有意となっている。

次に，教科横断的カリキュラム・マネジメントが教育達成に与える影響を示

図表 1-7 国公立小学校の推定結果（国語―個別 MPS）

パラメータ（変数名）	国語 A		国語 B	
	(a) 平均正答率	(b) 変動係数	(a) 平均正答率	(b) 変動係数
α_0（定数項）	−0.2025*** (0.005)	0.2484*** (0.0016)	0.8841*** (0.0176)	0.3588*** (0.0022)
β_1（MPS―教員協働による組織的教育）	0.0036 (0.0046)	−0.0002 (0.0004)	−0.0043 (0.0043)	0.0004 (0.0005)
β_2（MPS―「全国学調」の検証・改善）	0.0195*** (0.0042)	−0.0011*** (0.0003)	0.0148*** (0.0039)	−0.0021*** (0.0005)
β_3（MPS―教職員の職能形成）	−0.0033 (0.0048)	−0.0001 (0.0004)	0.0009 (0.0044)	−0.0001 (0.0005)
β_4（MPS―カリキュラム・マネジメント）	−0.0008 (0.0045)	0.0000 (0.0004)	0.0063 (0.0041)	−0.0005 (0.0005)
γ_1（家庭学習との連携）	0.0291*** (0.0038)	−0.0015*** (0.0003)	0.0252*** (0.0036)	−0.0020*** (0.0004)
γ_2（児童対教員比率）	−0.0083*** (0.0016)	0.0014*** (0.0003)	−0.0111*** (0.0015)	0.0023*** (0.0002)
γ_3（学校規模―単式 2 学級）	−0.0086 (0.0156)	0.0030** (0.0012)	0.0097 (0.0143)	0.0030* (0.0017)
γ_4（学校規模―単式 3 学級以上）	−0.0202 (0.0191)	0.0044*** (0.0015)	0.0113 (0.0173)	0.0032 (0.0021)
γ_5（学校形態―義務教育学校）	−0.0231 (0.1241)	0.0021 (0.0104)	0.0873 (0.1040)	−0.0108 (0.0125)
γ_6（就学援助を受けている児童比率）	−0.0849*** (0.0066)	0.0014*** (0.0001)	−0.0734*** (0.0064)	0.0088*** (0.0008)
Sargan-Hansen	927.70***〈10〉 (0.000)	749.12***〈10〉 (0.000)	1082.10***〈10〉 (0.000)	778.89***〈10〉 (0.000)
Breusch-Pagan	12924.36*** (0.000)	6794.06*** (0.000)	12844.60*** (0.000)	6654.46*** (0.000)
$AdjR^2$	0.106	0.154	0.235	0.075
サンプルサイズ	69,372	69,372	69,372	69,372

注 1）推定結果は，モデルの定式化の誤りに対する検定の結果採択された fixed effects model の推定値である。また，簡略化のため，定数項，個体効果および時間効果の値は省略している。
注 2）*** は両側 1% の有意水準，** は両側 5% の有意水準，* は両側 10% の有意水準であることを示す。
注 3）パラメータ内の括弧はクラスターロバストな標準誤差を，Sargan-Hansen，Breusch-Pagan の括弧は p-value を，Sargan-Hansen の〈 〉の数字は自由度を示す。

図表 1-8　国公立小学校の推定結果（算数—個別 MPS）

パラメータ（変数名）	算数 A		算数 B	
	(a) 平均正答率	(b) 変動係数	(a) 平均正答率	(b) 変動係数
α_0（定数項）	0.2901*** (0.0148)	0.2410*** (0.0016)	−0.1359*** (0.0187)	0.4499*** (0.0024)
β_1（MPS—教員協働による組織的教育）	0.0019 (0.0035)	−0.0003 (0.0003)	−0.0002 (0.0046)	0.0004 (0.0005)
β_2（MPS—「全国学調」の検証・改善）	0.0187*** (0.0033)	−0.0012*** (0.0003)	0.0175*** (0.0041)	−0.0016*** (0.0005)
β_3（MPS—教職員の職能形成）	0.0023 (0.0036)	−0.0003 (0.0004)	0.0012 (0.0046)	−0.0005 (0.0005)
β_4（MPS—カリキュラム・マネジメント）	−0.0017 (0.0034)	0.0005 (0.0004)	−0.0012 (0.0043)	0.0004 (0.0005)
γ_1（家庭学習との連携）	0.0252*** (0.0029)	−0.0019*** (0.0001)	0.0287*** (0.0037)	−0.0022*** (0.0004)
γ_2（児童対教員比率）	−0.0101*** (0.0013)	0.0018*** (0.0001)	−0.0135*** (0.0016)	0.0027*** (0.0002)
γ_3（学校規模—単式 2 学級）	−0.0150 (0.0119)	0.0037*** (0.0013)	−0.0181 (0.0149)	0.0056*** (0.0018)
γ_4（学校規模—単式 3 学級以上）	−0.0204 (0.0146)	0.0047*** (0.0015)	−0.0130 (0.0180)	0.0055*** (0.0022)
γ_5（学校形態—義務教育学校）	0.0741 (0.0933)	−0.0092 (0.0087)	0.1223 (0.1171)	−0.0157 (0.0152)
γ_6（就学援助を受けている児童比率）	−0.0685*** (0.0050)	0.0018*** (0.0001)	−0.0804*** (0.0068)	0.0098*** (0.0008)
Sargan-Hansen	808.98***〈10〉 (0.000)	641.26***〈10〉 (0.000)	998.37***〈10〉 (0.000)	683.96***〈10〉 (0.000)
Breusch-Pagan	14821.35*** (0.000)	8105.14*** (0.000)	14913.22*** (0.000)	5973.59*** (0.000)
AdjR^2	0.468	0.278	0.112	0.119
サンプルサイズ	69,372	69,372	69,372	69,372

注 1）推定結果は，モデルの定式化の誤りに対する検定の結果採択された fixed effects model の推定値である。また，簡略化のため，定数項，個体効果および時間効果の値は省略している。

注 2）*** は両側 1% の有意水準，** は両側 5% の有意水準，* は両側 10% の有意水準であることを示す。

注 3）パラメータ内の括弧はクラスターロバストな標準誤差を，Sargan-Hansen，Breusch-Pagan の括弧は p-value を，Sargan-Hansen の〈 〉の数字は自由度を示す。

図表 1-9　国公立中学校の推定結果（国語―個別 MPS）

パラメータ（変数名）	国語 A		国語 B	
	(a) 平均正答率	(b) 変動係数	(a) 平均正答率	(b) 変動係数
α_0（定数項）	−0.0445*** (0.0223)	0.2209*** (0.0015)	−0.0619*** (0.0197)	0.3139*** (0.0022)
β_1（MPS―教員協働による組織的教育）	−0.0033 (0.0056)	−0.0001 (0.0003)	0.0018 (0.0050)	0.0005 (0.0005)
β_2（MPS―「全国学調」の検証・改善）	0.0124** (0.0055)	−0.0009*** (0.0003)	0.0137*** (0.0049)	−0.0014*** (0.0005)
β_3（MPS―教職員の職能形成）	−0.0102* (0.0055)	0.0005 (0.0003)	−0.0042 (0.0051)	0.0003 (0.0005)
β_4（MPS―カリキュラム・マネジメント）	0.0191*** (0.0056)	−0.0006* (0.0003)	0.0138*** (0.0050)	−0.0008 (0.0005)
γ_1（家庭学習との連携）	0.0110** (0.0045)	−0.0005** (0.0003)	0.0025 (0.0040)	−0.0000 (0.0004)
γ_2（生徒対教員比率）	−0.0058 (0.0051)	0.0007** (0.0003)	−0.0060 (0.0046)	0.0012*** (0.0005)
γ_3（学校規模―単式 4～5 学級）	−0.0043 (0.0154)	0.0001 (0.0009)	0.0251* (0.0138)	−0.0005 (0.0014)
γ_4（学校規模―単式 6 学級以上）	−0.0037 (0.0210)	0.0008 (0.0013)	0.0236 (0.0187)	0.0001 (0.0018)
γ_5（学校形態―中等教育学校）	−0.4259*** (0.0201)	−0.0034*** (0.0012)	0.5270*** (0.0173)	−0.0090*** (0.0018)
γ_6（学校形態―義務教育学校）	−0.0847 (0.1208)	−0.0005 (0.0097)	−0.1339 (0.1289)	0.0042 (0.0124)
γ_7（就学援助を受けている生徒比率）	−0.0724*** (0.0098)	0.0042*** (0.0006)	−0.0600*** (0.0088)	0.0057** (0.0089)
Sargan-Hanssen	1115.41***〈11〉 (0.000)	901.38***〈11〉 (0.000)	862.63***〈11〉 (0.000)	870.19***〈11〉 (0.000)
Breusch-Pagan	14492.63*** (0.000)	7244.40*** (0.000)	11599.32*** (0.000)	7249.65*** (0.000)
$AdjR^2$	0.057	0.092	0.305	0.095
サンプルサイズ	34,224	34,224	34,224	34,224

注 1)　推定結果は，モデルの定式化の誤りに対する検定の結果採択された fixed effects model の推定値である。また，簡略化のため，定数項，個体効果および時間効果の値は省略している。
注 2)　*** は両側 1% の有意水準，** は両側 5% の有意水準，* は両側 10% の有意水準であることを示す。
注 3)　パラメータ内の括弧はクラスターロバストな標準誤差を，Sargan-Hansen，Breusch-Pagan の括弧は p-value を，Sargan-Hansen の〈 〉の数字は自由度を示す。

図表 1-10　国公立中学校の推定結果（数学―個別 MPS）

パラメータ（変数名）	数学 A		数学 B	
	(a) 平均正答率	(b) 変動係数	(a) 平均正答率	(b) 変動係数
α_0（定数項）	0.0521*** (0.0186)	0.3213*** (0.0017)	−0.3915*** (0.0191)	0.5703*** (0.0028)
β_1（MPS―教員協働による組織的教育）	0.0011 (0.0050)	−0.0001 (0.0005)	0.0019 (0.0048)	−0.0001 (0.0006)
β_2（MPS―「全国学調」の検証・改善）	0.0137*** (0.0047)	−0.0014*** (0.0004)	0.0136*** (0.0045)	−0.0021*** (0.0006)
β_3（MPS―教職員の職能形成）	−0.0076 (0.0049)	0.0006 (0.0005)	−0.0016 (0.0047)	0.0002 (0.0006)
β_4（MPS―カリキュラム・マネジメント）	0.0132*** (0.0049)	−0.0006 (0.0005)	0.0163*** (0.0048)	−0.0021*** (0.0007)
γ_1（家庭学習との連携）	0.0125*** (0.0040)	−0.0007** (0.0004)	0.0075** (0.0038)	−0.0002 (0.0005)
γ_2（生徒対教員比率）	−0.0094** (0.0042)	0.0012*** (0.0004)	−0.0082* (0.0044)	0.0016*** (0.0007)
γ_3（学校規模―単式4〜5学級）	−0.0010 (0.0143)	−0.0003 (0.0012)	0.0185 (0.0133)	−0.0023 (0.0017)
γ_4（学校規模―単式6学級以上）	0.0011 (0.0194)	0.0006 (0.0017)	0.0067 (0.0179)	−0.0012 (0.0023)
γ_5（学校形態―中等教育学校）	−0.3060*** (0.0178)	−0.0020 (0.0016)	−0.3909*** (0.0169)	0.0901*** (0.0023)
γ_6（学校形態―義務教育学校）	−0.1280 (0.1041)	0.0050 (0.011)	−0.1801 (0.1121)	0.0105 (0.0160)
γ_7（就学援助を受けている生徒比率）	−0.0629*** (0.0087)	0.0064*** (0.0008)	−0.0575*** (0.0084)	0.0073*** (0.0011)
Sargan-Hansen	963.36***〈11〉 (0.000)	815.59***〈11〉 (0.000)	1010.07***〈11〉 (0.000)	1032.39***〈11〉 (0.000)
Breusch-Pagan	18884.57*** (0.000)	11675.35*** (0.000)	18510.55*** (0.000)	8850.12*** (0.000)
$AdjR^2$	0.061	0.086	0.111	0.238
サンプルサイズ	34,224	34,224	34,224	34,224

注 1)　推定結果は，モデルの定式化の誤りに対する検定の結果採択された fixed effects model の推定値である。また，簡略化のため，定数項，個体効果および時間効果の値は省略している。
注 2)　*** は両側 1% の有意水準，** は両側 5% の有意水準，* は両側 10% の有意水準であることを示す。
注 3)　パラメータ内の括弧はクラスターロバストな標準誤差を，Sargan-Hansen，Breusch-Pagan の括弧は p-value を，Sargan-Hansen の〈 〉の数字は自由度を示す。

すβ_4については，小学校においては，平均正答率および変動係数ともに，いずれの科目においても，統計的に有意でない一方，中学校においては，平均正答率に関しては，国語A，国語B，数学A，数学Bいずれの科目においてもプラスで符号条件を満たし，かつ統計的に有意となっている[3)]。また，変動係数に関しては，国語Aおよび数学Bではマイナスで符号条件を満たし，かつ統計的に有意となっている一方，国語Bおよび数学Aではマイナスではあるものの，統計的に有意となっていない。

一方，教員協働による組織的教育実践が教育達成に与える影響を示すβ_1，教職員の職能形成が教育達成に与える影響を示すβ_3については，小中学校ともに，平均正答率，変動係数いずれも，統計的に有意となっていない。加えて，教職員の職能形成が教育達成に与える影響を示すβ_3については，中学校の国語Aにおいて，平均正答率に関してマイナスである以外，いずれの科目においても統計的に有意となっていない。

学校運営改善以外の変数に関しては，家庭学習との連携を示すγ_1は小中学校ともに，中学校の国語Bの平均正答率と変動係数，数学Bの変動係数を被説明変数とする場合を除き，いずれも平均正答率についてはプラスで，変動係数についてはマイナスで有意となっている。児童生徒対教員比率を示すγ_2は小中学校ともに，中学校の国語Aおよび国語Bの平均正答率を説明変数とする場合を除き，いずれも平均正答率についてはマイナスで，変動係数についてはプラスで有意となっている。加えて，就学援助を受けている児童生徒比率を示す$\gamma_{6(7)}$が小中学校ともに，いずれも平均正答率についてはマイナスで有意に，変動係数についてはプラスで有意となっている。

以上の推定結果を踏まえると，「全国学調」の成果検証・改善サイクルの導入については，小中学校いずれの教育段階においても，平均正答率および変動係数（学力の平準化）で評価した教育達成には，肯定的な影響があると解釈される。一方，教科横断的なカリキュラム・マネジメントの構築の程度は，中学校において，（平均正答率についてはプラスで有意に，変動係数については一部科

3）　学級担任制を採用する小学校では，教科担任制を採用する中学校に比べて，科目横断的な教科学習が学級担任のもとで実践されていることが，小中学校での推定結果の違いを生じさせた一因ではないかと推測される。

目を除きマイナスで有意となったことから）おおむね平均正答率の上昇および学力の平準化に寄与していると評価される。一方，教員協働による組織的な教育への取り組みや教職員の職能形成機会の提供度については，小中学校ともに教育達成に貢献しているとはいえないと解釈されよう。

4. おわりに

本章では，国公立小中学校における学校運営（教員協働による組織的教育，「全国学調」の成果検証・改善への取り組み，教職員の職能形成，教科横断的カリキュラム・マネジメントの構築）が，学校の教育達成に与える影響を実証分析した。具体的には，2015～2018年度の「全国学調」の小中学校別パネルデータを用いて，学校の運営改善が学力テストの平均正答率および正答数の変動係数（学力の平準化）に与えた影響を検証した。

実証分析の結果，小中学校いずれの教育段階においても，総合的な学校運営改善が教育達成に与えた影響は，平均正答率に関してはプラス，正答数の変動係数に関しては一部科目を除きマイナスであることがわかった。特に，「全国学調」の成果検証・改善サイクルの導入は，平均正答率に関してはプラスの影響を，変動係数に関してはマイナスの影響を持つことが確かめられた。さらに，教科横断的なカリキュラム・マネジメントの構築の程度は，中学校において，（平均正答率についてはプラスで有意に，変動係数については一部科目を除きマイナスで有意となったことから）おおむね平均正答率の上昇および学力の平準化に寄与していることが確認された一方，小学校においては，平均正答率と変動係数で評価した教育達成に対する影響は確認されなかった。一連の実証分析は，家庭学習との連携や就学援助を受けている児童生徒の比率と教育達成との相関が確認される等，個々の学校の特性に支配される要素はあるものの，学校運営改善に取り組むこと自体は，学校の平均的な教育達成の上昇および学年における学力の平準化に結びつくことを示唆するものであると解釈できよう。

最後に本章に残された課題について，2点指摘しておきたい。まず，教育達成を測る尺度の多様化についてである。本章では，各学校の平均的な教育達成の程度を測る指標として，科目毎の平均正答率および正答数の変動係数を用いた。平均正答率は学校において学力の底上げがはかれているかをみる尺度として，変動係数は学校内の学力のばらつきの程度をみる尺度として，それぞれ適切であると考えられる。しかしながら，児童生徒間の学力の偏在度を考慮のうえ，各学校における教育達成の程度を評価するには，最頻値や平均無解答率，分位別の学力データを用いる等，教育達成の程度を多様な尺度で測定し，学校運営改善が各学校の児童生徒のうちどの学力層に影響を与えているかを，合わせて検証することが重要といえよう。

第２に，分析の頑強性のチェックについてである。本章では,「全国学調」の学校ローデータを入手し，パネルデータ化することで，都道府県別にしか公表されていない既存のデータを用いた分析では考慮できない，個々の学校の特性を考慮したうえで，学校運営改善が学校の平均的な教育達成の上昇および学年における学力の平準化に結びつくことを実証的に明らかにしたことに一定の貢献がある。しかしながら，データの制約上，用いたデータの大半が序数化されたものであるため，データの変動自体が限られており，変数間で多重共線性の問題が起きうることや，使用可能なデータに限りがあるため，欠落変数による内生性の問題が生じている可能性がある。個々の学校運営改善の変数での回帰分析を試し，得られた結果との比較を行うことで，分析の頑強性のチェックを行うことが必要である。

APPENDIX

本章で用いたMPS変数の概要および学校質問紙の対応項目は以下のとおりである。

https://www.nier.go.jp/18chousa/pdf/18shitumonshi_shou_gakkou.pdf

https://www.nier.go.jp/18chousa/pdf/18shitumonshi_chuu_gakkou.pdf

変数項目	測定尺度	学校質問紙の対応項目
教員協働による組織的教育	4段階	学習指導と学習評価の計画の作成にあたっては，教職員同士が協力し合っている
		学級運営の状況や課題を全教職員の間で共有し，学校として組織的に取り組んでいる
「全国学調」の成果検証・改善	4段階	全国学力・学習状況調査の結果を地方公共団体における独自の学力調査の結果と併せて分析し，具体的な教育指導の改善や指導計画等への反映を行っている
	3段階	全国学力・学習状況調査の自校の結果について，調査対象学年・教科だけではなく，学校全体で教育活動を改善するために活用した
		全国学力・学習状況調査の自校の結果について，保護者や地域の人たちに対して公表や説明を行った
教職員の職能形成	4段階	学校でテーマを決め，講師を招聘するなどの校内研修を行っている
		模擬授業や事例研究など，実践的な研修を行っている
		教員が，他校や外部の研修機関などの学校外での研修に積極的に参加できるようにしている
		教職員は，校内外の研修や研究会に参加し，その成果を教育活動に積極的に反映させている
教科横断的カリキュラム・マネジメントの構築	4段階	学校全体の言語活動の実施状況や課題について，全教職員の間で話し合ったり，検討したりしている
		言語活動について，国語科だけではなく，各教科，道徳，総合的な学習の時間及び特別活動を通じて，学校全体として取り組んでいる
家庭教育との連携	4段階	家庭学習の取り組みとして，児童生徒に家庭での学習方法等を具体例を挙げながら教える
就学援助を受けている児童生徒比率	6段階	調査対象の学年の児童生徒のうち，就学援助を受けている児童生徒の割合について回答する

第2章　私立高校学納金の規定要因
——都道府県による就学支援事業の影響に関する実証分析——

1. はじめに

教育需要の水準に所得が重要な決定要因であることを指摘する研究は数多く存在する。日本において，高所得層と低所得層で子どもに受けさせる教育サービスに階層性があり，1990年代以降，その傾向が強まっていることを指摘した苅谷（2001）をはじめ，家計の流動性制約が，教育の利用や選択をめぐる機会均等を阻む要因となりうることを示した実証分析は少なくない。

所得格差と教育機会の格差の連関が推測されるもとでは，私費負担を原則する私立学校への進学をめぐって，所得階層間の進路選択の違いを予想しないわけにはいかない。保護者の所得・資産の状況や社会的ステイタスの違いが，私立学校の選択に影響することを示した松浦・滋野（1996）では，日本において，子どもの進路選択と親の経済状況とに関連性があることが示唆されている。近年，日本では，教育利用のみならず，教育選択においても，所得格差の拡大を通じた階層性の強まりが懸念される状況にあるといえよう。

2010年度に導入され，2014年度に大幅な見直しが行われた高等学校等就学支援金制度は，教育の階層性の強まりの中にあって，家計の流動性制約が子どもの進路選択の幅を狭めうる状況を緩和する方策として，有効かつ適切な政策手段であると考えられる。しかしながら，後述するように，支援金の申請受領に関わる実務上の欠陥に起因して，制度導入に伴い，私立高校による学納金（入学初年度にかかる授業料，入学料および施設整備等の合計額）の便乗的な引き上げが生じたのではないかという疑念が生じる。就学支援金に付随する形で実施された都道府県独自の就学支援事業は，こうした傾向に拍車をかけた可能性がある。意図せざる学納金の上昇が生じたとすれば，家計の学納金負担の軽減を通じ，家計の経済状況に左右されない進路選択や就学継続を意図した政策効果が減衰したと解釈できよう。

私立学校の学納金の規定要因に関する実証分析は，米国の私立大学に対するクロスセクションデータおよび時系列データを用いた Abowd（1984），Harford and Marcus（1986），Hauptman and Merisotis（1990），Gilmore（1991），Clotfelter（1996）による研究の蓄積がある一方，日本においては，丸山（1991），浦田（1998）を除き，ほとんど行われていない。浦田（1998）は，私立大学に加え，私立中学および私立高校を対象に実証分析を行い，入学難易度が高く，併設校がある学校ほど学納金が高い傾向にあることを明らかにしている。しかしながら，国ならびに地方自治体による私立高校への就学支援が，私立高校の学納金に与えた影響については，全く検証されていない。進路選択をめぐる機会均等の実現を目指す高等学校等就学支援金制度およびそれに付随した都道府県の就学支援事業が，本来その趣旨に沿わない私立高校学納金の引き上げをもたらしているかを検証することは，制度の有効性を評価するうえで，欠くことのできない作業といえよう。

以上のような問題意識のもと，本章では，高等学校等就学支援金制度に付随して実施された都道府県の援助就学支援事業が，私立高校の生徒一人当たりの学納金の水準に影響を及ぼしているかどうかを，都道府県パネルデータを用いて実証分析する。具体的には，制度が導入される以前の 2008 年度から 2016 年度までの 9 カ年の都道府県パネルデータを用いて，私立高校の学納金の規定要因を考察し，都道府県よる独自支援および国基準への加算支援が私立高校学納金に与えた影響の有無を，DID 法を用いて検証する。

本章の構成は，以下のとおりである。第 2 節では，高等学校等就学支援金制度およびそれに付随して実施された都道府県の就学支援事業の趣旨や目的，申請および受給の仕組みについて，データによる実態把握も交えつつ，概観する。第 3 節では，私立高校の学納金の規定要因を，都道府県パネルデータを用いて実証分析する。第 4 節では，本章の結論を要約のうえ，残された課題を指摘する。

2. 高等学校等就学支援金の仕組みと実態

高等学校等就学支援金は，高校教育に係る家計の経済的負担の軽減を図り，教育の実質的な機会均等に寄与することを目的に，高校の授業料への充当を想定して実施される生徒個人への補助金である。2010年度に，公立高等学校授業料無償制の恩恵を受けない私立高校に通う生徒に対して，授業料への充当を目的に制度が創設され（旧制度），数年間運用されて後，2014年度に抜本的な見直しが実施された（新制度）。2020年4月に，国の補助額引き上げが実施されたことで，現状，私立高校の授業料は実質無償化された状況にある。

旧制度と新制度との違いは，前者が私立高校生徒向けの制度であるのに対し，後者が公立私立を問わず高校に通う生徒全員に向けた制度であるという点にある。加えて，旧制度では公立高校生徒向けの支援金（11.8万円）と同額支給される私立高校生徒の属する世帯所得が350万円以上であったのに対し，新制度では同額支給の対象となる世帯所得が590万円まで拡大されるとともに，それ以下の世帯所得向けの支給額も，旧制度よりも低所得層に手厚くなるなど[1]，低所得層向け支給額の増額および支給対象となる世帯所得層の拡大が図られた[2]。

同時期，国の制度に付随する形で，都道府県による私立高校生向けの就学支援事業が実施された。国と同じ所得区分のもとで，都道府県費による授業料を対象とした支援金の加算を行う形態がその大半を占めるが，国では支援対象外

1）旧制度では，世帯所得が250万円未満であれば23.76万円，250万円以上350万円未満であれば17.82万円，350万円以上であれば所得の上限なく11.82万円の支給額であったのに対し，新制度では，世帯所得が250万円未満であれば29.7万円，250万円以上350万円未満であれば23.76万円，350万円以上590万円未満であれば17.82万円，590万円以上910万円未満であれば11.88万円，910万円以上であれば公立私立を問わず支給額はなしとなった。なお，2020年4月の再度の制度見直しによって，世帯所得が590万円未満の世帯までは一律に39.6万円まで国の支給額が上積みされ，私立高校授業料の実質無償化が実現するに至っている。

2）新旧両制度ともに，公立高校に通う生徒との均衡を考慮しつつ，私立高校に通う生徒にも支援金の支給が開始されたことで，家計の経済的負担の軽減を通じて，生徒の進路選択の幅を広げる効果が一定程度あったものと考えられる。とりわけ，低所得層向けの支給額が増額された新制度のもとで，家計の流動性制約の緩和により，公私高校の選択をめぐる中立性はより確保されやすくなったのではないかと推測される。

となっている入学金や施設整備費を対象に独自支援を行う形態のもの，国と同じ支援水準のもとで，都道府県独自の所得区分に変更する形態のもの，就学年限超過者も支援対象とする形態のもの等に分かれる。

教育の階層性が強まる中にあって，進路選択をめぐる機会均等の実現を目指す高等学校等就学支援金および都道府県の就学援助の趣旨や目的に異論を挟む余地は少ないと考えられる。その一方で，支援金の申請および受領をめぐる事務運用が，制度本来の趣旨に沿わない私立高校による学納金の便乗的な引き上げを誘発するのではないかという懸念を抱かざるをえない。以下，申請受領の実務上の仕組みを説明することで，そうした懸念が生じうる理由を述べる。

高等学校等就学支援金は，生徒個人への補助の体裁をとりつつも，申請窓口である都道府県に対する支援金の申請は，所属する私立高校が代行し，また，（国から交付される補助金をもとに）都道府県により支給される支援金の受領も，生徒個人に代わって私立高校が代行のうえ，実際の授業料と相殺する形で，大半が運用されている。

こうした仕組みは，申請に伴う生徒や保護者の事務負担の軽減を意図したものであろうが，事務手続きを代行する各私立高校は，申請対象在籍生徒数およびその実質負担額を把握することが可能となる点で，問題ありといわざるをえない。というのも，低所得層向けの支給額の増額および支給対象となる世帯所得層の拡大が図られた新制度下においては，学納金の実質無償化の対象となった家計による授業料の値上げへの目立った反対は想定しがたい一方，私立高校側は高等学校等就学支援金の事務代行の過程で申請対象生徒数およびその学納金実質負担額を把握しうるため，結果として，制度導入を契機とした学納金引き上げの誘因が，各々の私立高校で高まることが懸念されるのである。

図表2-1は，私立高校（全日制）の初年度学納金の全国平均値の対前年度増減率の推移をみたものである。この図表が示すように，全国平均値でみた学納金の対前年度増減率は，高等学校等就学支援金（旧制度）の導入初年度である2010年度と，高等学校等就学支援金（新制度）が導入された翌年度にあたる2015年度に，他年度のトレンドとは異なる動きを示していることが確認できる。このことからも，学納金の水準をめぐって，高等学校等就学支援金の制度導入を契機とする学納金の便乗的な引き上げが生じたとする本節冒頭で述べた推測

図表 2-1　私立高校（全日制）初年度学納金平均額の対前年度増減率の推移

学納金（授業料＋入学料＋施設整備費等）対前年度増減率

資料：文部科学省高等教育局「私立高等学校（全日制）の授業料等の調査」

を，実証的手法を用いてより精緻に検証することが必要と考えられる。次節では，都道府県パネルデータを用いて，私立高校の学納金の規定要因を考察し，高等学校等就学支援金制度に付随する形で実施された都道府県よる独自支援および国基準への加算支援が，私立高校学納金に与えた影響を検証していく。

3. 実証分析

本節では，高等学校等就学支援金制度に付随して実施された都道府県の就学支援事業が，私立高校学納金の水準に影響を及ぼしているかどうかを，都道府県パネルデータを用いて実証分析する。3.1 項では，実証分析に用いるモデルの定式化を行う。3.2 項では，データについて説明する。3.3 項では，推定結果を解釈し，そこから導かれる政策的含意について述べる。

3.1. 推定モデルの特定化

本節では，最近年における私立高校学納金の規定要因について実証分析する。具体的には，2008～2016 年度の都道府県パネルデータを用いて，以下のような対数線形式のDID推定モデルをもとに，高等学校等就学支援金制度に付随して実施された都道府県による独自支援および国基準への加算支援が，生徒一人当たりの私立高校授業料もしくは入学料＋施設整備費の水準に影響を与えているかを，実証的手法をもとに検証する。

$$\begin{aligned}\ln y_{it} = \alpha_0 + \mu_i + \psi_t + \beta_1 d_i d_t^1 + \beta_2 d_i d_t^2 \\ + \gamma_1 \ln x_{it}^1 + \gamma_2 \ln x_{it}^2 + \gamma_3 x_{it}^3 + \gamma_4 \ln x_{it}^4 + \varepsilon_{it}\end{aligned} \quad (1)$$

ここで，i（＝1〜47）は都道府県を，t（＝2008〜2016）は年度を表す。y_{it}は各都道府県における生徒一人当たりの私立高校平均授業料もしくは入学料＋施設整備費の平均値を表す。$d_t^{1(2)}$は旧（新）就学支援金制度が実施されていた2010〜2013年度（2014〜2016年度）を1，それ以外の年度を0とする期間ダミー変数である。d_iは国による高等学校就学支援金制度に都道府県が加算支援もしくは独自支援を実施している場合は1，実施していない場合は0をとる処置群ダミー変数であり[3)]，$\beta_{1(2)}$は旧（新）就学支援金制度下における処置群への処置効果（DID推定量）を表す。x_{it}^1は私立高校在籍生徒数を，x_{it}^2は納税義務者一人当たりの課税対象所得を，x_{it}^3は名目県内総生産成長率を，x_{it}^4は生徒一人当たりの私立高校経常費助成金を表す。μ_iは個体効果，ψ_tは時間効果，ε_{it}は不均一分散を仮定した誤差項であり，$\varepsilon_{it} \sim iid(0, \sigma_{\varepsilon_i}^2)$を満たすものとする。

本章では，国の就学支援金制度に付随した都道府県による加算支援もしくは独自支援の影響を，DID推定量の統計的有意性をもとに検証する。制度が実施されていた期間において，DID推定量がプラスであれば，都道府県による私立高校生向けの就学支援事業は，生徒一人当たり授業料あるいは入学料＋施設整備費の水準にプラスの影響を与えたと解釈される。

3) 本章では，文部科学省初等中等教育局の「新・高等学校等就学支援金制度に関する調査について」に基づき，都道府県別の支援事業の概略を把握したうえで，次のような考え方のもとに，2種類の処置群ダミーを作成した。まず，国の就学支援金の対象外であった学納金の一部である入学料と施設整備費の両方に支援を行っている5道県を処置群とした。一方，国の就学支援金と同じ所得区分のもと，都道府県費で授業料の加算補助を実施している20都府県を処置群とした。前者処置群は，（国制度の対象外である）学納金項目に対する都道府県の独自支援の処置効果を，後者処置群は，就学支援金の支給金額が公立私立で無差別となる（公立私立の選択に中立的であろう）350〜590万円の世帯所得に対し，都道府県費で授業料の加算支援を行っている処置効果を，確認することを目的としている。

3.2. データ

(1) 式の推定は，2008〜2016年度の都道府県パネルデータを用いて行う。以下，推定に用いたデータについて述べていこう。

被説明変数である生徒一人当たり私立高校授業料および入学料＋施設整備費については，文部科学省高等教育局「私立高等学校（全日制）の授業料等の調査」にある生徒一人当たりの入学初年度授業料および入学料＋施設整備費の都道府県別平均値を用いた。

説明変数である私立高校在籍生徒数については，文部科学省生涯学習政策局「学校基本調査」にある都道府県別の私立高等学校生徒数（全日制）の値を用いた。説明変数である納税義務者一人当たり課税対象所得については，総務省自治税務局「市町村税課税状況等の調」にある市町村民税（所得割）に係る課税対象所得の都道府県別平均値を，同資料にある市町村民税（所得割）の納税義務者数（都道府県別合計値）で除することで求めた。説明変数にある名目県内総生産成長率については，内閣府経済社会総合研究所「県民経済計算」にある都道府県別の名目県内総生産の増加率を用いた。説明変数にある生徒一人当たりの私立高校経常費助成金については，日本私立中学高等学校連合会「平成29年度都道府県私学助成状況調査報告書」にある私立高等学校等経常費助成費補助金（一般補助）に係る都道府県生徒一人当たり単価（全日制・定時制）を用

図表 2-2　記述統計

変数名	平均	標準偏差	最大	最小
私立高校平均授業料（円）	367,006	80,565	571,806	209,000
私立高校平均授業料（円）	317,080	57,427	521,263	204,000
私立高校平均入学料＋施設整備費（円）	367,521	85,479	562,529	211,090
私立高校平均入学料＋施設整備費（円）	259,879	74,246	554,306	109,867
私立高校在籍生徒数（人）	33,427	40,560	178,138	814
私立高校在籍生徒数（人）	12,895	10,671	53,986	2,573
納税義務者一人当たり課税対象所得（千円）	3,182.238	395.644	4,457.148	2,546.824
納税義務者一人当たり課税対象所得（千円）	2,823.619	166.635	3,228.696	2,564.002
名目県内総生産成長率（%）	−0.110	3.096	6.148	−11.125
名目県内総生産成長率（%）	0.110	3.221	9.400	−9.057
生徒一人当たり私立高校経常費助成金（円）	318,429	28,114	377,477	245,451
生徒一人当たり私立高校経常費助成金（円）	330,626	31,751	491,034	276,946

注：各項目の上段が加算支援の処置群，下段が加算支援の参照群。

いた。なお，推定にあたっては，私立高校平均学納金，私立高校在籍生徒数，納税義務者一人当たり課税対象所得，生徒一人当たり私立高校経常費助成金については，対数値を用いている。なお，各変数の原系列の記述統計については，図表2-2を参照されたい。

3.3. 推定結果

ここでは，(1) 式を回帰分析することで得られた推定結果を示し，その結果について解釈を行う。DIDパネル回帰分析にあたり，平行トレンドの仮定が満たされている必要がある。図表2-3および図表2-4は，授業料加算および入学料＋施設整備費の有無によって分けた処置群と参照群それぞれについての授業料の平均値を，図表2-5および図表2-6は処置群と参照群それぞれについての入学料＋施設整備費の平均値を比較したものである。これより，高等学校等就学支援金制度およびそれに付随する都道府県の就学支援事業の実施前に，平行トレンドが成立していることが確認される。これにより，本章では，DIDパネル分析の仮定が満たされていると判断し，以下，分析を進めることにする。

(1) 式の推定にあたっては，F検定によるpooled modelかfixed effects modelかの選択，Hausman検定によるfixed effects modelかrandom effects modelかの選択，Breusch-Pagan検定によるpooled modelかrandom effects modelかの選択を行い，採択されたfixed effects modelのみの結果が報告され

図表2-3　授業料の平均値
(処置群を県費加算あり，参照群を県費加算なし)

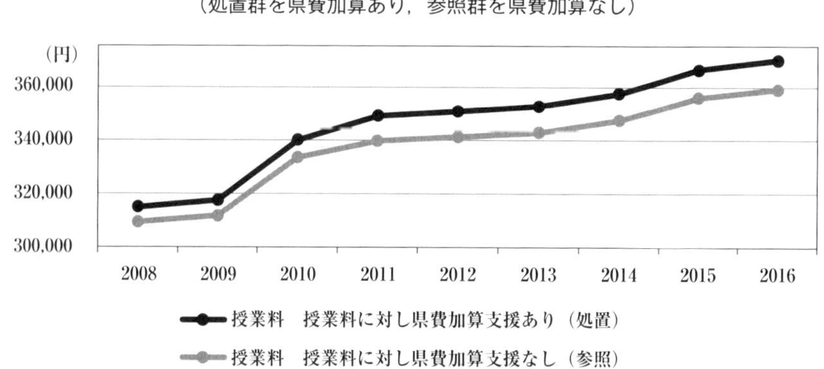

図表 2-4　入学金＋施設整備費の平均値
（処置群を県費加算あり，参照群を県費加算なし）

図表 2-5　授業料の平均値
（処置群を入学料＋施設整備費への独自補助あり，参照群を独自補助なし）

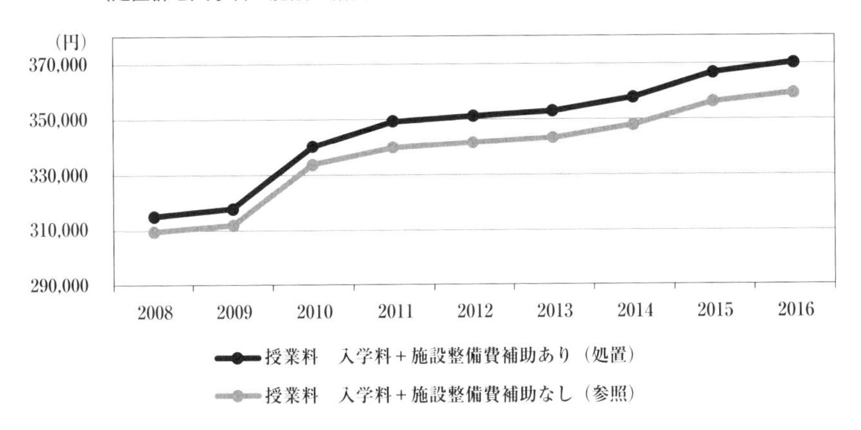

ている。なお，本章では，サンプル期間中における景気変動を考慮し，個体効果および時間効果の両方を含む two-way error components model での推定が妥当であると判断した。

モデルの特定化に対する検定結果を踏まえ，以下では係数の統計的有意性および符号条件について検討していく。(1) 式をパネル分析した結果が，図表 2-7 および図表 2-8 に示されている。図表中 (a) は，国による就学支援金制度

図表 2-6 入学料＋施設整備費の平均値
（処置群を入学料＋施設整備費への独自補助あり，参照群を独自補助なし）

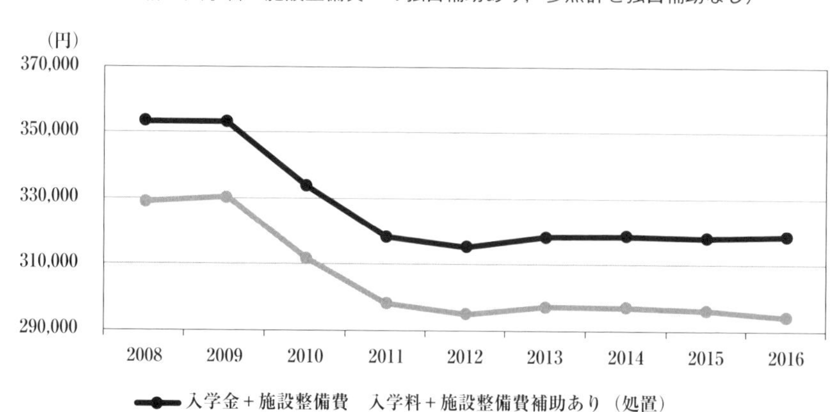

の加算支給対象の年収上限である590万円未満の世帯について，都道府県による授業料への加算支援を実施している都道府県を処置群とするDID推定の結果を，(b）は就学支援金制度の対象外である入学料および施設整備費等について，独自支援を実施している都道府県を処置群とするDID推定の結果を示している。

係数の統計的有意性および符号条件について，検討していくことにしよう。まず，都道府県による就学支援事業下における処置群への処置効果（DID推定量）を表すβ_1およびβ_2は，処置による授業料あるいは入学料＋施設整備費のパーセント変化を表すものと解せられるが，図表2-7においては(a）はプラスで有意に，(b）はマイナスで有意となっている。一方，図表2-8においては(a）(b）ともにプラスで有意となっている。これより，就学支援制度に付随して実施された都道府県による授業料加算支援は，私立高校の生徒一人当たりの授業料（図表2-7 a）および入学料＋施設整備費（図表2-8 a）の水準にプラスの影響を与えた一方，都道府県による入学金＋施設整備費の独自支援は，私立高校生徒一人当たりの授業料（図表2-7 b）にマイナスの影響を，入学料＋施設整備費（図表2-8 b）にプラスの影響を与えたと考えられる。

入学料および施設整備費に対し，独自支援を行っている都道府県において，

図表 2-7　授業料の推定結果

パラメータ（変数名）	(a)	(b)
α_0（定数項）	8.562*** (1.912)	10.555*** (1.597)
β_1（旧高等学校就学支援金制度のもとでの処置効果）	0.016** (0.007)	−0.029*** (0.003)
β_2（新高等学校就学支援金制度のもとでの処置効果）	0.022*** (0.007)	−0.046*** (0.012)
γ_1（私立高校在籍生徒数（対数値））	−0.129** (0.054)	−0.128** (0.056)
γ_2（納税義務者一人当たり課税対象所得（対数値））	0.605*** (0.208)	0.411** (0.177)
γ_3（名目県内総生産成長率）	0.002 (0.002)	0.002 (0.002)
γ_4（生徒一人当たり私立高校経常費助成金（対数値））	0.041 (0.033)	0.007 (0.030)
F 値	46.183*** (0.000)	47.423*** (0.000)
Hausman	69.222***〈6〉 (0.000)	96.892***〈6〉 (0.000)
Breusch-Pagan	1088.330*** (0.000)	1035.793*** (0.000)
$AdjR^2$	0.891	0.892
サンプルサイズ	423	

注 1）推定結果は，モデルの定式化の誤りに対する検定の結果採択された fixed effects model の推定値である。また，簡略化のため，個体効果および時間効果の値は省略している。
注 2）*** は両側 1% の有意水準，** は両側 5% の有意水準，* は両側 10% の有意水準であることを示す。
注 3）パラメータ内の括弧は White の標準誤差を示し，$AdjR^2$ は自由度修正済みの決定係数を示す。また，F 値，Hausman, Breusch-Pagan の括弧は p-value を示し，Hausman の〈 〉の数字は自由度を示す。

授業料（入学料＋施設整備費）の β_1 および β_2 がマイナス（プラス）で有意となっていることは，独自支援が行われた都道府県における私立高校において，就学支援が相対的に手厚く行われた入学料＋施設整備費に，授業料の引き上げ想定額分が転嫁されたことを示していると解釈される。

加えて，都道府県独自の就学支援の効果を係数の大きさで比較してみると，

図表2-8 入学料＋施設整備費の推定結果

パラメータ（変数名）	(a)	(b)
α_0（定数項）	4.581 (3.030)	8.455*** (3.085)
β_1（旧高等学校就学支援金制度のもとでの処置効果）	0.085*** (0.010)	0.094*** (0.023)
β_2（新高等学校就学支援金制度のもとでの処置効果）	0.124*** (0.011)	0.173*** (0.013)
γ_1（私立高校在籍生徒数（対数値））	0.640*** (0.082)	0.636*** (0.072)
γ_2（納税義務者一人当たり課税対象所得（対数値））	0.484 (0.365)	−0.005 (0.352)
γ_3（名目県内総生産成長率）	−0.002 (0.003)	−0.001 (0.003)
γ_4（生徒一人当たり私立高校経常費助成金（対数値））	−0.153*** (0.060)	−0.146** (0.067)
F値	47.024*** (0.000)	51.042*** (0.000)
Hausman	62.553***〈6〉 (0.000)	55.403***〈6〉 (0.000)
Breusch-Pagan	1083.827*** (0.000)	1181.751*** (0.000)
$AdjR^2$	0.904	0.903
サンプルサイズ	423	

注1） 推定結果は，モデルの定式化の誤りに対する検定の結果採択されたfixed effects model の推定値である。また，簡略化のため，個体効果および時間効果の値は省略している。

注2） *** は両側1% の有意水準，** は両側5% の有意水準，* は両側10% の有意水準であることを示す。

注3） パラメータ内の括弧はWhite の標準誤差を示し，$AdjR^2$は自由度修正済みの決定係数を示す。また，F値，Hausman, Breusch-Pagan の括弧はp-value を示し，Hausman の〈 〉の数字は自由度を示す。

図表2-7および図表2-8における（a）の推定結果において，β_2 の値が β_1 の値を上回っていることが確認される。これは，旧就学支援金制度における支援対象および支援額を積み増す形で，2014年度より新就学支援金制度が開始された事実と符合する結果といえる。すなわち，新就学支援金制度に付随して私立高校の授業料に対する就学支援がより手厚く実施されるようになった都道府県に

おいて，授業料の引き上げ傾向が顕著となったと判断される。

その他の変数について，係数の統計的有意性および符号条件について，確認しておこう。私立高校在籍生徒数の係数γ_1が，図表2-7においてはマイナスで有意となる一方，図表2-8においては（a）（b）ともにプラスで有意となっている。これは，私立高校への教育需要が高い地域において，生徒一人当たりの授業料は相対的に抑制し，入学料および施設整備費を相対的に引き上げる傾向があることを示すものと解釈される。次に，納税義務者一人当たり課税対象所得の係数γ_2が，図表2-7においては（a）（b）ともにプラスで有意となっている。私立高校の在学は私費負担を原則としており，平均的な所得水準が高い地域において，生徒一人当たりの学納金が上昇することを示していると考えられる。名目県内総生産成長率の係数γ_3が，図表2-7および図表2-8の（a）（b）いずれにおいても有意となっていない。私立高校への生徒一人当たりの私立高校経常費助成金の係数γ_4が，図表2-7においては有意でなく，図表2-8においてはマイナスで有意となっている。私学助成自体は，学納金の上昇抑制も意図したものであり，予想される符号条件に合う結果となっている[4)]。

前節で述べたように，高等学校等就学支援金制度および付随して実施される都道府県の就学支援事業は，私立高校の生徒を抱える家計が，おのおの在籍する私立高校を通じて，支援金を都道府県に申請する形式となっている。申請事務手続きの過程で，各高校は申請対象在籍生徒数およびその学納金実質負担額を把握することが可能となるため，私立高校に学納金引き上げの誘因が生じうると推測される。実証分析において，都道府県による就学支援事業が，私立高校学納金の水準にプラスの影響を与えたことが示されたことは，事業の実施およびその拡充に伴い，私立高校が学納金引き上げに向かった可能性があることを示唆するものと解釈される。

4） 小入羽（2008）をはじめ，私学助成と学納金との関係を考察した他の実証分析においても，私学助成の学納金上昇抑制効果は，学納金高額化をもたらす他の要因の影響によって，ほとんど相殺されてしまうことが報告されているが，学校別ではなく，都道府県別データを用いた本章の推定結果においては，授業料に関する限り，私学助成に学納金上昇抑制効果が働いていることが確認される。

4. おわりに

本章では，2010年4月および2014年4月に導入された高等学校等就学支援金制度が，私立高校の学納金の水準に影響を与えたかどうかを，2008～2016年度の都道府県パネルデータを用いて実証分析した。具体的には，生徒一人当たりの私立高校平均授業料ならびに入学料＋施設整備費を被説明変数とするDIDパネル回帰分析を行い，都道府県の就学支援事業の実施およびその拡充による私立高校の学納金への影響の有無を検証した。

実証分析の結果，新旧の高等学校等就学支援金制度下において，国基準を上回る授業料加算あるいは国の支援対象外である入学料＋施設整備費への独自支援が実施された都道府県を処置群としたときのDID推定値が，統計的に有意となった。加えて，都道府県の就学支援の効果をDID推定値の大きさで比較してみると，β_2の値がβ_1の値を上回っていることが確認された。一連の実証分析は，高等学校等就学支援金制度に付随した都道府県による就学支援事業の実施に伴い，私立高校は学納金引き上げに向かった可能性があり，また，新就学支援金制度に付随して私立高校の授業料に対する就学支援がより手厚く実施されるようになった都道府県において，授業料の引き上げ傾向が顕著となったものと解釈できよう。

高等学校等就学支援金ならびに都道府県の就学支援事業は，高校への進路選択における生徒間の機会均等に寄与しうるものと考えられるが，制度本来の趣旨に沿わない私立高校学納金の引き上げを防ぐためには，申請および受領を私立高校が代行する形式から，申請者である生徒および家計が直接都道府県に申請し，支援金を都道府県から直接受領する形式へと変更することを含めた，制度の見直しや改善が必要であると考えられる。

最後に，本章に残された課題について，2点指摘しておきたい。本章の推定においては，都道府県のパネルデータを用いたことから，先行研究にみられるような私立高校毎の個別の属性（入学難易度，併設校の有無etc.）が考慮できていない。高等学校等就学支援金制度導入による影響を精査するためには，私立高校の個票データを用いた学納金規定要因に関する精緻な実証分析が必要である。

加えて，学納金決定に対する高等学校等就学支援金および都道府県の就学支援事業の影響について理論的な解明が行えていない。Boadway, Marceau and Marchand（1996）らに代表されるような，公立私立学校が併存する多様な教育供給を想定した理論モデルを構築し，実証分析の結果が，定性的な帰結として支持されうるかを検証していく作業が求められよう。

第３章　世代別政治力が自治体による教育の公的助成に与える影響
――年齢別投票率を用いた準要保護率決定要因の実証分析――

1. はじめに

社会保障は，対人サービスを中心とするため，他の公共サービスに比べて，人口動態の影響を受けやすい。少子高齢化が進む日本では，育児や教育といった若年者向けの社会保障サービスが減少する一方，年金，医療，介護といった高齢者向けの社会保障サービスが増加する傾向が，今後一層強まると予想される。

少子高齢化が社会保障支出に与える影響については，Tabellini (2000), Breyer and Craig (1997)，八代・島澤・豊田 (2012) らによる中位年齢と公的年金支出との関連を検証した理論および実証分析の他，Poterba (1997), Harris, Evans and Schwab (2001)，井上・大重・中神 (2007)，大竹・佐野 (2009) らによる高齢化率と義務教育支出との関連を検証した実証分析がある[1]。いずれも，少子高齢化と財政運営に相関があることを示唆する分析結果が示されている。

財政制約下において，人口動態の変化を反映した高齢者向けの社会保障サー

1) 少子高齢化に伴う人口動態の変化が，公的な教育支出に与える影響として，Poterba (1997) は，高齢者が短期的視野かつ利己的に行動する場合には両者に負の相関が生じる可能性がある一方，高齢者が長期的視野に立つ，利他的に行動する，あるいは教育支出が不動産に資本化する場合等には，高齢化が教育支出を増加させる可能性があると指摘している。人口動態と教育支出との関係は理論的には明確とはいえないことを踏まえ，Rubinfeld (1977), Ladd and Murray (2001), Grob and Wolter (2007)，井上・大重・中神 (2007) 等，内外で実証分析の蓄積が進んでいる。大竹・佐野 (2009) では，都道府県パネルデータを用いて，高齢化が義務教育支出に与える影響を実証分析し，両者には1980年代以前には正の相関が，1990年代以降には負の相関があることを確認している。

ビスの充実は，若年者向けの社会保障サービスの縮小を伴う形で実現する可能性が高い。その理由としては，公共支出の配分に影響力を行使しうる政治家が，得票最大化を目指して行動する点が挙げられる。少子高齢化は，有権者の高齢化を引き起こすため，政治家は相対的に数が多い高齢有権者の選好に見合った公共支出の増加に向かうと考えられる。

少子高齢化が公共支出に与える影響は，人口動態の変化のみに止まらない可能性がある。絶対数で少数化する若年有権者は，自分たちの主張や要望が政策に反映されにくいと考えて，政治参加への意欲を低下させる恐れが高い。若年投票率の低下となって表れるこうした現象は，人口動態以上に若年世代と高齢世代との政治的発言力の格差を拡大させ，財政支出をめぐる世代間のアンバランスを増幅させる可能性が高いと考えられるが，日本において世代別の投票率が地方自治体の教育に対する公的助成に与える影響を検証した実証分析は，筆者の知る限りない。

本章では，以上のような問題意識を踏まえ，少子高齢化の進展により，地方自治体の就学援助施策に高齢世代（若年世代）の選考が反映されやすく（反映されにくく）なるかどうかを，人口動態要因のみならず，世代別の政治参加要因（投票率）も考慮して，実証的に検証する。具体的には，教育に対する公的助成を代表するものとして，地方自治体に裁量の余地がある準要保護率に着目し，年齢別の有権者比率のみならず，年齢別の投票率との間に統計的な有意性が認められるかどうかを，都道府県パネルデータを用いた実証分析により検証していく。

本章の構成は，以下のとおりである。第2節では，本章が分析の対象とする準要保護者に対する就学援助について，制度および運営の実態を概観する。第3節では，都道府県パネルデータをもとに，準要保護率が少子高齢化に伴う世代別政治力の変化から影響を受けているかどうかを，実証的手法を用いて検証していく。第4節では，本章の結論を要約のうえ，残された課題を指摘する。

2. 地方単独事業としての教育に対する公的助成——就学援助制度の概要

ここでは，自治体による教育への公的助成として，初等および前期中等教育

(義務教育) 段階を対象とする就学援助制度を取り上げ，制度および運営の実態を概観する。

就学援助制度とは，義務教育諸学校の教育を保障するために，市区町村が小中学生のいる家庭に，学用品費や修学旅行費，学校給食費や通学用品費等を援助する制度であり，援助の基準や範囲等については，就学援助法，学校給食法等によって定められている。

援助の対象となるのは，教育扶助を受けている生活保護世帯に属する小中学生に対しての修学旅行費[2)]，教育扶助を受けていない生活保護世帯に属する小中学生（要保護者）に対しての学用品費，修学旅行費，学校給食費および通学用品費，さらには生活保護に準ずる程度に困窮している小中学生（準要保護者）に対しての学用品費，修学旅行費，学校給食費および通学用品費である。2018年度における就学援助受給率（要保護・準要保護児童生徒数／公立小中学校児童生徒総数）は16.45%（うち要保護者が1.45%，準要保護者が15.00%）であり，公立小中学校に通う児童生徒1学級当たり，およそ6人に1人がこの制度の対象者となっていることがうかがい知れる。

就学援助制度は，実際の運用を市町村が行うものの，その費用の1/2を国が国庫補助することになっていた。しかしながら，2004年度より始まった「三位一体改革」による国庫補助負担金改革を受けて，2005年度以降，準要保護者に対する就学援助が国庫補助の対象から外され，一般財源化された。準要保護者の認定や就学援助の給付水準等の設定は，旧来からも市区町村の裁量に委ねられていたが，2005年度以降，一般財源化による地方単独事業化が確定したことで，財源面も含めた市区町村の裁量の余地が拡大した。こうした準要保護者に対する就学援助への国の関与の消滅と地方の裁量拡大が，反面において，準要保護者の絞り込み等による就学援助受給率の抑制や，市区町村間の制度運用における格差を拡大させたのではないかという懸念があがっている[3)]。

2)　教育扶助を受けている生活保護世帯に属する小中学生については，学用品費，学校給食費，通学用品費が教育扶助の対象となるため，これら経費に対する就学援助制度としての援助は行われない。

3)　鳫（2009）では，国庫補助の対象とされてきた就学援助費が一般財源化されることによって，就学援助の給付水準が切り下げられた可能性が指摘されている。また，湯田（2009）では，就学援助を担当する自治体職員へのヒアリングを通じて，一般財源化以降，就学援助額をめぐる予算取りに苦慮するようになったとの声が寄せられたことが紹介されている。

図表 3-1　就学援助受給者と就学援助受給率の推移

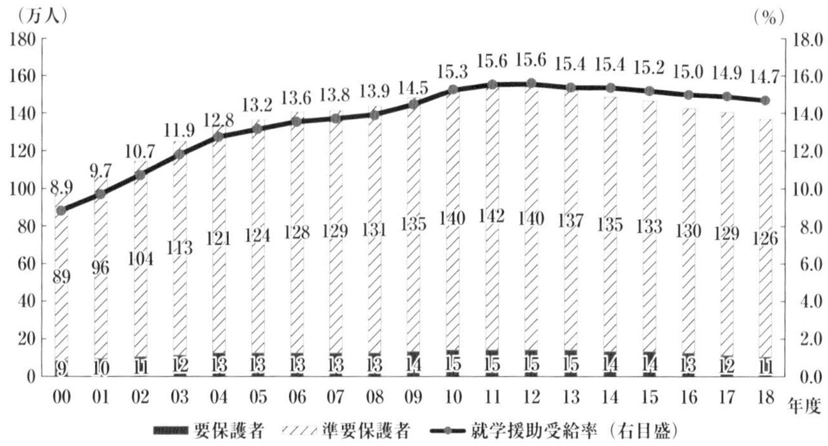

資料：「要保護および準要保護児童生徒数の推移」（文部科学省初等中等教育局）。

就学援助受給者数および受給率は，図表 3-1 で示されるように過去から最近年まで増加傾向にあり，とりわけ準要保護者向けの就学援助受給率の増加が大きいことがわかる。ただし，一般財源化前と比べると一般財源化後の伸び率は鈍化していることから，一般財源化によって就学援助の伸びに抑制圧力が生じた可能性が疑われる。加えて，都道府県間の準要保護率の標準偏差をみると，4.16（2002 年度），4.82（2006 年度），4.94（2010 年度），4.80（2013 年度），4.62（2015 年度），4.43（2018 年度）と最近年にかけてやや縮小傾向にあるものの，準要保護率の認定をめぐる都道府県間の開きは 2000 年代半ば頃から高原状態が続き，就学援助の運用をめぐる地域差が固定化する状況にある。

小林・林（2011）では，準要保護者を対象とする就学援助の運用が，一般財源化による市町村の裁量拡大とともに，高齢化による人口動態の変化や自治体の財政状況からの影響を受けやすくなったかどうかを，実証的手法を用いて検証している。小林・林（2011）では，市町村パネルデータをもとにした実証分析の結果，一般財源化後に市町村の財政状況が一人当たりの就学援助額に与える影響が増したこと，高齢化の進行が一人当たりの就学援助額や就学援助受給率を減少させることが確認されたとして，一般財源化と高齢化により，市町村が就学援助の給付抑制に向かった可能性があることが指摘されている。

3. 実証分析

ここでは，2000 年代の 6 カ年度における都道府県パネルデータをもとに，準要保護率の設定が少子高齢化に伴う世代別政治力の変化から影響を受けているかどうかを，実証的手法を用いて検証する。

以下，まず 3.1 項では，実証分析に用いるモデルを特定化する。3.2 項では，使用したデータについて述べる。3.3 項では，推定結果を検定のうえ，その結果を解釈しつつ，導かれる政策的含意について説明する。

3.1. 推定モデルの特定化

本節では，少子高齢化が公共支出に与える影響を検証した Poterba（1997），Ahlin and Mörk（2008），大竹・佐野（2009），小林・林（2011）等の定式化にならい，以下のような線形の回帰モデルをもとに，少子高齢化に伴う世代別政治力の変化が，準要保護率の設定に影響を与えうるか否かを検証する。

$$y_{it}=\alpha_0+\beta_1 x_{it-1}^1+\beta_2 x_{it-1}^2+\beta_3 d_{18} x_{it-1}^2+(\beta_4+\beta_5 d_{0618})x_{it}^3+(\beta_6+\beta_7 d_{0618})x_{it}^4 + \sum_{k=1}^{3} q_k z_{it}^k+\upsilon_i+\varphi_t+\varepsilon_{it} \quad (1)$$

ここで，i（＝1〜47）は都道府県を，t（＝2004, 2006, 2010, 2013, 2015, 2018 年度）は時間を示す。y_{it} は，準要保護率を表している。x_{it-1}^1，x_{it-1}^2 は，2003，2005，2009，2012，2014 年および 2017 年に実施された衆議院議員選挙における若年世代（20〜39 歳（2017 年度は 18〜39 歳の場合を含む））と高齢世代（65 歳以上）の有権者の比率（x_{it-1}^1）および投票率の比率（x_{it-1}^2）を表しており，両変数ともに，選挙実施年と予算執行年とのタイミングの違いを考慮して，1 期のラグを想定している。x_{it}^3 は財政力指数，x_{it}^4 は経常収支比率であり，d_{0618} は，準要保護率の推定において，「三位一体改革」による一般財源化の影響および「地方財政健全化法」施行の影響をみるために，2006，2010，2013，2015 年および 2018 年度を 1，その他年度を 0 とするダミー変数である。z_{it}^k (k＝1〜3) は，地域の貧困の代理変数として想定した納税義務者比率，一人当たり課税対象所得および有効求人倍率である。また，υ_i は個体効果を，φ_t は時間効果を，ε_{it} は不均一分散を仮定した誤差項を表しており，$\varepsilon_{it} \sim iid(0, \sigma^2_{\varepsilon_i})$ を満たすものとする。

少子高齢化の進行に伴う世代別の政治力の変化は，β_1 および β_2 で捉えられる。β_1 および β_2 がマイナスで有意となれば，有権者の人口動態の変化および世代別の投票行動の変化が，準要保護率の設定に影響を与えていると判断される。

先述したように，「三位一体改革」を契機に，自治体の準要保護者の設定に対する権限と責任の対応関係がより明確になったと考えられる。この点を検証するため，本章では小林・林（2011）にならい，財政力の変数に係数ダミーを想定し，β_4 および β_6 の統計的有意性をみることで，一般財源化および「地方財政健全化法」に伴う構造変化の有無を確認する。すなわち，（自治体の裁量の増加とともに，財政力に応じた準要保護率の設定が促されるとすれば）財政力指数については β_2 が，経常収支比率については β_5 が統計的に有意となることが想定される。

3.2. データ

（1）式の推定は，衆議院議員選挙の翌年度にあたる2004，2006，2010，2013，2015年および2018年度の都道府県パネルデータを用いて行う。以下，推定に用いたデータについて述べていこう。

被説明変数である準要保護率は，当該年度の公立小中学校児童生徒総数に対する準要保護児童生徒数の比率として定義する。公立小中学校児童生徒総数および準要保護児童生徒数ともに，文部科学省初等中等教育局「要保護および準要保護児童生徒数の推移」より入手した[4]。

説明変数である若年世代と高齢世代の有権者の比率は，総務省自治行政局「住民基本台帳に基づく人口，人口動態及び世帯数調査」にある都道府県別の5歳階級別の人口数をもとに作成した。まずは，20～39歳までの人口あるいは65歳以上の人口を人口総数で除することで，若年世代（20～39歳）および老年世代（65歳以上）の人口比率を求め，それをもとに若年世代人口比率に対する

4） 準要保護児童生徒数については，「学用品等（学用品費，通学費，修学旅行費）」に係る人数を示す。

老年世代人口比率の比（以下，老若有権者比率）を算出することにより，変数を作成した。

説明変数である若年世代と高齢世代の投票率の比率は，総務省自治行政局選挙部が国政選挙毎に実施している年齢別投票率の調査について，同省より情報公開請求を通じて，都道府県別のデータの提供を受けた。20歳から1歳刻みで調査されている都道府県内の選挙区でのサンプル調査であり，それをもとに，まずは2000年代に実施された衆議院議員選挙について，若年世代（20～39歳まで，2017年は20～39歳および18～39歳）あるいは老年世代（65歳以上）の投票率（投票者数／有権者数）を求めた後，若年世代投票率に対する老年世代投票率の比（以下，老若投票者比率）を算出した。

地域の貧困状況の代理変数である納税義務者比率および一人当たり課税対象所得は，人口総数に対する納税義務者数の比率および課税対象所得額として定義する。納税義務者数については，総務省自治税務局「市町村税課税状況等の調」にある市町村別の納税義務者数（所得割）の都道府県別の集計値を，一人当たり課税対象所得については，「市町村税課税状況等の調」にある個人市町村民税（所得割）の課税対象となった前年度の所得額の都道府県別の集計値を，人口総数については，総務省自治行政局「住民基本台帳に基づく人口，人口動態及び世帯数調査」にある都道府県別の人口をそれぞれ用い，それをもとに比率を算出し変数を作成した。また，有効求人倍率については，厚生労働省職業安定局「職業業務安定統計」にある都道府県別有効求人倍率（原数値）の年度平均値を用いた。

最後に，説明変数として用いた財政力指数および経常収支比率については，総務省自治財政局「都道府県決算状況調」に収録されている値を用いた。なお，先述したように，衆議院議員選挙実施年（2003年，2005年，2009年，2012年，2014年，2017年）と予算執行年とのタイミングの違いを考慮し，世代別の有権者比率と投票者比率については，1期のラグを想定した。各変数の原系列の記述統計については，図表3-2を参照されたい。

図表 3-2　記述統計

変数名	平均	標準偏差	最大	最小
準要保護率	11.903	4.996	25.084	3.459
老若有権者比率	1.066	0.283	1.952	0.482
老若投票者比率（20～39歳）	1.485	0.191	2.191	1.125
老若投票者比率（18～39歳）	1.485	1.189	2.191	1.125
財政力指数	0.473	0.192	1.220	0.200
経常収支比率	93.095	3.103	100.600	77.500
納税義務者比率	41.566	4.119	53.930	27.404
一人当たり課税対象所得（千円）	127.050	23.889	242.423	82.991
有効求人倍率	1.034	0.394	2.13	0.310

3.3. 推定結果

ここでは，(1) 式を回帰分析することにより得られた推定結果を示し，その結果について解釈を行う。(1) 式をパネルデータ分析した結果が図表3-3および図表3-4に示されている。選挙権の18歳への引き下げの実施後の初となる2017年の衆議院議員選挙での構造変化を捉えるため，図表3-3では2017年の若年者投票率を18～39歳，図表3-4では，従来どおり2017年の若年投票率を20～39歳として算出したものを用いている。図表にある (a) は財政力指数を，(b) は経常収支比率を，(c) は財政力指数と経常収支比率の両方を，財政力を表す変数として回帰した結果を示す。

図表3-3および図表3-4では，個体効果と時間効果の両方を含むtwo-way error fixed effects modelの結果のみが報告されている。これは，F検定によるpooled modelかfixed effects modelかの選択，Hausman検定によるfixed effects modelかrandom effects modelかの選択，Breusch-Pagan検定によるpooled modelかrandom effects modelかの選択を行い，fixed effects modelが採択された結果を踏まえたものである。

モデルの特定化に対する検定結果を踏まえ，以下では係数の統計的有意性および符号条件について検討していくことにしよう。まず，老若有権者比率 (β_1) については，図表3-3，3-4ともに，(a)，(b)，(c) いずれの推定結果においても，マイナスで有意となっている。また，老若投票者比率 (β_2) についても，図表3-3，3-4ともに，(a)，(b)，(c) いずれの推定結果においても，マイナスで

図表 3-3 準要保護率の推定結果（18～39歳―若年投票率ケース）

パラメータ（変数名）	(a)	(b)	(c)
β_1（老若有権者比率）	−10.782*** (1.461)	−11.095*** (1.970)	−10.735*** (1.558)
β_2（老若投票者比率）	−2.100* (0.767)	−1.989*** (0.649)	−2.203*** (0.743)
β_3（老若投票率×2018年度ダミー）	−2.904** (1.277)	−2.484** (1.229)	−2.825** (1.294)
β_4（財政力指数）	14.532*** (5.454)	—	14.231*** (5.575)
β_5（財政力指数×2006-2018年度ダミー）	−3.420** (1.546)	—	−3.665*** (1.698)
β_6（経常収支比率）	—	−0.001 (0.029)	−0.038 (0.030)
β_7（経常収支比率×2006-2018年度ダミー）	—	0.076*** (0.207)	0.096*** (0.025)
q_1（納税義務者比率）	0.949** (0.476)	1.104*** (0.382)	0.891** (0.442)
q_2（一人当たり課税対象所得）	−0.281*** (0.100)	−0.315*** (0.079)	−0.258*** (0.093)
q_3（有効求人倍率）	3.010*** (1.351)	3.482*** (0.913)	3.058** (1.478)
F値	72.831*** (0.000)	69.912*** (0.000)	65.760*** (0.000)
Hausman	49.805***〈8〉 (0.000)	48.812***〈8〉 (0.000)	55.123***〈10〉 (0.000)
Breusch-Pagan	511.045*** (0.000)	484.511*** (0.000)	499.836*** (0.000)
$AdjR^2$	0.942	0.939	0.943
サンプルサイズ	282	282	282

注1）推定結果は，モデルの定式化の誤りに対する検定の結果採択されたfixed effects modelの推定値である。また，簡略化のため，定数項，個体効果および時間効果の値は省略している。
注2）*** は両側1％の有意水準，** は両側5％の有意水準，* は両側10％の有意水準であることを示す。
注3）パラメータ内の括弧はWhiteの標準誤差を示し，$AdjR^2$は自由度修正済みの決定係数を示す。また，F値，Hausman, Breusch-Paganの括弧はp-valueを示し，Hausmanの〈 〉の数字は自由度を示す。

図表 3-4 準要保護率の推定結果（20～39 歳—若年投票率ケース）

パラメータ（変数名）	(a)	(b)	(c)
β_1（老若有権者比率）	−10.713*** (1.488)	−11.041*** (2.002)	−10.663*** (1.589)
β_2（老若投票者比率）	−2.093*** (0.751)	−1.991*** (0.641)	−2.196*** (0.726)
β_3（老若投票率×2018 年度ダミー）	−2.731*** (1.121)	−2.400** (1.117)	−2.662** (1.141)
β_4（財政力指数）	14.477*** (5.459)	—	14.184*** (5.578)
β_5（財政力指数×2006-2018 年度ダミー）	−3.442** (1.540)	—	−3.691*** (1.692)
β_6（経常収支比率）	—	−0.003 (0.029)	−0.039 (0.030)
β_7（経常収支比率×2006-2018 年度ダミー）	—	0.078*** (0.011)	0.098*** (0.030)
q_1（納税義務者比率）	0.946** (0.475)	1.101*** (0.380)	0.888** (0.441)
q_2（一人当たり課税対象所得）	−0.277*** (0.098)	−0.312*** (0.078)	−0.254*** (0.091)
q_3（有効求人倍率）	2.960** (1.336)	3.440*** (0.902)	3.006** (1.463)
F 値	73.383*** (0.000)	63.415*** (0.000)	66.310*** (0.000)
Hausman	50.213***〈8〉 (0.000)	48.611***〈8〉 (0.000)	55.201***〈10〉 (0.000)
Breusch-Pagan	511.569*** (0.000)	485.292*** (0.000)	500.466*** (0.000)
$AdjR^2$	0.943	0.939	0.944
サンプルサイズ	282	282	282

注 1） 推定結果は，モデルの定式化の誤りに対する検定の結果採択された fixed effects model の推定値である。また，簡略化のため，定数項，個体効果および時間効果の値は省略している。
注 2） *** は両側 1% の有意水準，** は両側 5% の有意水準，* は両側 10% の有意水準であることを示す。
注 3） パラメータ内の括弧は White の標準誤差を示し，$AdjR^2$は自由度修正済みの決定係数を示す。また，F 値，Hausman, Breusch-Pagan の括弧は p-value を示し，Hausman の〈 〉の数字は自由度を示す。

有意となっている。

有権者比率でみた世代別の政治力の変化については，(a)，(b)，(c) いずれもマイナスで有意であることから，人口動態の変化に起因した高齢世代の若年世代に対する相対的な政治力の上昇は，準要保護率の低下をもたらしていると解釈される。これは，人口高齢化が児童生徒一人当たりの義務教育支出の抑制をもたらすとした大竹・佐野 (2009) や就学援助受給率を減少させるとした小林・林 (2011) と類似した結果といえる。

投票者比率でみた世代別の政治力の変化については，図表3-3，図表3-4ともに，(a)，(b)，(c) いずれの推定結果においても，マイナスで有意となっている。これより，投票行動の変化に起因した高齢世代の若年世代に対する相対的な政治力の上昇は，準要保護率の低下をもたらしていると解釈される。世代別の政治力は，少子高齢化による人口動態の変化に加え，投票行動の変化を通じても，自治体の準要保護率の設定に影響を与えていることが示唆される。

加えて，選挙権年齢の18歳への引き下げに伴う投票者比率でみた世代別の政治力の変化を捉えたβ_3の値をみると，若年投票者を18〜39歳とした図表3-3，それ以前の推定に準じた20〜39歳とした図表3-4の (a)，(b)，(c) いずれの結果においても，マイナスで有意となっている。前者については若年投票率の上昇を直接的にもたらす一方，後者については一種のアナウンスメント効果を通じて既存の若年有権者の投票率の上昇に結びついたと類推されるが，β_3がマイナスで有意となった結果は，投票行動を通じた政治参加によって準要保護率に与える影響に変化が生じたことを示し，投票率の上昇による若年投票者の相対的政治力の状況が，準要保護率の抑制に歯止めをかける効果をもたらしうることを示唆するものと解釈される。

次に，財政力に関する変数についてみてみると，図表3-3および図表3-4ともに，財政力指数については，(a)，(c) いずれもβ_4がプラスで有意，2006〜2018年度ダミーとの交差項の係数であるβ_5はマイナスで有意となっている。経常収支比率については，(b) (c) の推定結果においてβ_6は有意でなく，2006〜2018年度ダミーとの交差項の係数であるβ_7がプラスで有意となっている。

(1) 式の推定において，β_4がプラスで有意，β_6がマイナスと符号条件を満たしているが有意でないことから，自治体の財政力が準要保護率の設定に与える影響については，財政力指数については想定どおりの因果が確認される。一方，2006～2018年度ダミーとの交差項（β_5およびβ_7）については，(1) 式を推定した (a) および (c) の結果において，財政力指数についてはマイナスで有意，経常収支比率についてはプラスで有意となっている。(a) および (c) の推定結果において，β_5およびβ_7が有意となっていることから，2009年度から施行された「地方財政健全化法」を受けて，とりわけ都市部の自治体において，自治体の財政力が準要保護率の設定に与える影響に構造変化が生じた可能性があると考えられる。

最後にその他の変数についてみてみると，納税義務者比率については，図表3-3および図表3-4においてプラスで有意となっている。一人当たり課税対象所得については，図表3-3および図表3-4ともに，(a)，(b)，(c) いずれの推定結果もマイナスと符号条件を満たしかつ有意となっている。有効求人倍率については，図表3-3および図表3-4ともにプラスで有意となっている。被説明変数，説明変数ともに，都道府県別の集計値同士を回帰したことのバイアスが生じ，このような推定結果が生じている可能性を否定できない。

以上，推定結果を要約すると，以下の3点となろう。第1に，少子高齢化に伴う高齢世代の相対的な政治力の上昇は，人口動態のみならず，投票行動を通じても，自治体の準要保護率の低下を招いている可能性があるということである。第2に，選挙権の年齢引き下げを通じた若年世代の政治力の担保は，準要保護率の低下に歯止めをかける効果があるということである。第3に，「地方財政健全化法」の施行により，自治体の財政規律に対する姿勢が変化したことで，財政力が準要保護率の設定に与える影響に構造変化が生じた可能性があるということである。一連の実証分析をもとに，その政策的含意を述べるならば，就学援助受給率を左右する準要保護率の設定に関する限り，選挙を通じた民主的統制を通じて，抑制圧力が生じうると考えられることから，選挙権の年齢引き下げを実際の政治力の行使に結びつけるべく，若年世代の政治参加を促す一層の啓発活動が必要となろう。

4. おわりに

本章では，少子高齢化の進展により，地方自治体の教育支援施策に高齢世代（若年世代）の選考が反映されやすく（反映されにくく）なるかどうかを，人口動態要因のみならず，世代別の政治参加要因（投票率）も考慮して，実証的に検証した。具体的には，教育に対する公的助成を代表するものとして，地方自治体に裁量権がある準要保護率に着目し，2000 年代の 6 カ年度における都道府県パネルデータをもとに，準要保護率が少子高齢化に伴う（人口動態および政治参加の両要因を加味した）世代別政治力の変化から影響を受けているかどうかを，実証分析した。

実証分析の結果，以下の 3 点が明らかとなった。第 1 に，少子高齢化に伴う高齢世代の相対的な政治力の上昇は，人口動態のみならず，投票行動を通じても，自治体の準要保護率の低下を招いている可能性があるということである。第 2 に，選挙権の年齢引き下げを通じた若年世代の政治力の担保は，準要保護率の低下に歯止めをかける効果があるということである。第 3 に，「地方財政健全化法」の施行により，自治体の財政規律に対する姿勢が変化したことで，財政力が準要保護率の設定に与える影響に構造変化が生じた可能性があるということである。一連の実証分析は，就学援助受給率を左右する準要保護率の設定において，選挙を通じた民主的統制を通じ，抑制圧力が生じている可能性を示唆するものといえよう。

最後に，本章に残された課題について，以下 3 点を指摘しておきたい。第 1 に，市町村別のデータを用いた分析の厳密化である。本章では，利用可能な年齢別投票率のデータに制約があることから，都道府県パネルデータをもとに実証分析を行っている。準要保護率の認定については市町村に裁量権があるため，小林・林（2011）と同様に市町村パネルデータ用いて分析を行うべきであるが，データの制約から実現できていない。市町村別の年齢別投票率のデータ収集および開示を待って，より厳格な分析を行う必要がある。

第 2 に，自治体の選挙データを用いた分析の厳格化である。先述したように，本章で使用した年齢別投票率のデータは，2000 年代に実施された 6 回の衆議院議員選挙を対象とするものである。分析の対象とした準要保護率の運用実態を踏まえるならば，本来は市町村の首長および市町村議員の選挙を対象とした投票率のデータを用いるべきであるが，データの制約から，衆議院議員選挙の投票率を，都道府県の地方選挙における投票率の代理変数とみなして分析している[5)]。第1の課題と合わせて，市町村別の年齢別投票率のデータ収集および開示が待たれるとともに，東京都等一部の自治体で公表されている地方首長あるいは地方議員の年齢別投票率のデータを用いる等により，本章の分析結果の頑強性を確認する必要がある。

第3に，準要保護率をめぐる自治体の運営実態を反映した分析の精緻化である。準要保護率の認定や就学援助の運用に市町村間で大きな格差があることが湯田（2009）において指摘されているが，本章ではこうした市町村間の運用の差を，個体効果のみでコントロールする形となっている。現状では，利用可能なデータに制約があるため，実際には実現のハードルは高いものの，小林・林（2011）でも指摘されているように，就学援助制度についていえば広報の仕方や申請方法，民生委員や学校事務員の関与の有無や程度等，自治体間の定性的な要因の違いも考慮したうえで，準要保護率に対する財政変数や政治変数の影響を検証していくことが必要である。

5）分析に用いた投票率のデータに関して，当該年およびその翌年に知事選挙が実施された都道府県の数は，2003年および2004年には23都県，2005年および2006年には18府県，2009年および2010年には20府県であることから，本章では国政選挙の投票率を地方選挙の投票率とみなすことに，一定の合理性が見出せると判断した。

第４章　公教育をめぐる政府間の共有責任と戦略的相互依存

――階層並列的な Political Agency Model による分権的教育供給の実証分析――

1. はじめに

公教育サービスの分権的供給は，2000 年代に相次いだ法律改正，教育行財政制度の改変を受けて，今や多くの都道府県や市町村において，日常的に観測される現象となっている。すなわち，2001 年のいわゆる義務標準法の改正によって，都道府県は国が定める学級編制の標準に縛られず，自らの裁量で公立小中学校の学級編制基準を定めることが可能となった。加えて，2004 年の義務教育国庫負担金の総額裁量制への移行により，従来法定化されていた小中学校教職員定数の上限が，原則として撤廃され，都道府県は義務教育費国庫負担金の範囲内であれば，教職員数を自由に決定できることになった。

しかしながら，現状において，公教育サービスの分権的供給は，完全な形で実施されているというわけではない。義務教育費国庫負担金を例にとれば，都道府県の裁量は従前より増したとはいえ，それは今なお教職員人件費に対する財源保障として機能している。国は教育の機会均等を図る目的から，公教育サービスの提供をめぐって，都道府県や市町村に対し一定の関与を行える立場にあり[1)]，その意味からも，地方自治体による公教育サービスの提供は，現状において，国と地方自治体とが提供責任を共有する「部分的分権（Partial Decen-

1) 「地方教育行政の組織及び運営に関する法律（地教行法）」には，教育行政に限った特例的な規定が存在し，地方自治法において国が自治体に対して行える「技術的な助言もしくは勧告」を越えた「指導・助言・援助」を必要に応じて行える規定が定められている。

tralization)」の状態にあるというのが，正確な理解であるといえよう。

では，部分的分権の状況下において，日本の公教育サービスの水準はいかに決定されてきたのだろうか。本章では，その決定要素として，次の2つに注目する。第1に，国と地方自治体が公教育サービスの提供責任を共有する垂直的な相互依存関係のもとで生じるただ乗り誘因に立脚したShared Accountability についてである。一般の公共財でこれを分析したJoanis（2014）に従えば，中央政府と地方政府が公共財を結合供給する場合，住民は結合供給された公共財のトータルの水準しか知覚することができないため，政治的レントの最大化を目指す中央政府（中央政治家）と地方政府（地方政治家）との間に，互いの公共財供給にただ乗りをしようとする誘因が生じうる。したがって，公教育サービスは非効率なレベルで供給されることとなる[2)]。

第2に注目する要素は，分権的政策競争（Yardstick Competition）である。結合供給される公教育サービス水準は，政府の政策実施をめぐる努力の結果として，住民による政府（政治家）への評価につながる。この立場からいえば，競争相手の地域による公教育サービス水準に依存して，自地域の公教育サービスを高めようとする誘因が働く（理論的には，Besley and Case（1995），Belleflamme and Hindriks（2005），実証的にはPanizza（1999），赤井・鷲見（2001）がある）[3)]。

第1および第2の要素に個々に注目したうえで，支出をめぐる部分的分権を想定した理論・実証分析の蓄積はある一方，それらは，中央政府と地方政府が公共財の提供責任を共有しかつ地方政府同士が支出競争している状況を明示的に扱っておらず，地方政府において分権度に差が生じる実態とその理由が十分に解明されていない。第2節で述べるように，法制面，財政面において，国から都道府県，市町村への関与の余地が，他の公共支出政策よりも大きく，自治

2）カナダのデータを用いた実証分析に，Jametti and Joanis（2020）がある。

3）部分的分権下における地方公共財の決定をめぐっては，中央政府と地方政府の階層的な構造を前提としたBardhan and Mookherjee（2006），Brueckner（2009），Devarajan et al.（2009）らの理論分析がある。さらに，公的教育の分権化の分析については，Barankay and Lockwood（2007）によるスイスの州別データを用いて教育支出の分権化と学力の相関を検証した実証分析や，Jakubowski and Topinska（2009）によるポーランドの学校別データを用いて教育支出の分権化と教育機会の相関を検証した実証分析，田中（2012）による日本の都道府県データを用いて教育支出の分権化と知事の再選確率の相関を検証した実証分析がある。

体横断的な評価にもさらされている公教育サービスにおいて，地方自治体の政策選択の構造を解明する意義は大きいといえよう。

本章では，以上のような問題意識に立ち，日本における教育分権度[4]の規定要因を定性的・定量的に考察する。すなわち，Besley and Smart (2007)，Joanis (2014) の公共サービスの階層的供給モデルに，公共サービス供給における Yardstick Bias が生じる状況を想定した Di Liddo and Giuranno (2016) を組み合わせることで，公教育サービス供給をめぐる階層並列的な Political Agency Model を構築する。具体的には，国と地方が公教育サービスの提供責任を共有し，地方間でサービス供給水準をめぐって競争している状況下で，公教育をめぐる自地域および他地域の政治家同士の戦略的相互依存の帰結として，地方自治体の公教育サービスの分権的供給水準が内生的に決まることを理論的に示したうえで，それが日本における公教育の分権的供給を説明する要因になりうるかを，道府県パネルデータを用いて検証していく。具体的には，「学校基本調査」および「地方教育費調査」を用いて，2001 年以降に進んだ教育行財政をめぐる都道府県への権限移譲，具体的には少人数学級化の取り組みが，いかなる要因によって決定してきたかを実証分析する。

本章の構成は以下のとおりである。第 2 節では，公教育をめぐる近年の分権化の動向を整理し，公教育サービスの提供をめぐる国と都道府県の間での共有責任の表出・拡大の実態を概観する。第 3 節では，Besley and Smart (2007)，Joanis (2014) および Di Liddo and Giuranno (2016) をもとに階層並列的な Political Agency Model を構築し，公教育をめぐる政治家同士の戦略的相互依存の帰結として，地方自治体の公教育サービスの分権的供給水準が内生的に決まることを示す。第 4 節では，公教育サービスの分権的供給の決定要因を，道府県パネルデータを用いて実証分析する。第 5 節では，本章の結論を要約のうえ，残された課題を指摘する。

4）本章において，教育分権度とは，国から自治体へ移譲権限がどの程度行われているかではなく，移譲された権限を各自治体が実際にどの程度行使しているかを表す言葉として用いている。

2. 教育分権化の動向――都道府県への裁量拡大の実態

日本において，公教育サービスの執行責任は，義務教育においては市町村教育委員会が，高校教育においては都道府県教育委員会が負っている。しかし，教育環境を規定する教育資源（学級数，学校数，教員数，公教育費 etc.）の水準および内容をめぐっては，法律，規制，予算措置等を通じて，実際には複数の行政機関が関与し合う仕組みが形成されており，公教育サービスの提供体制を規定する教育行財政制度は，国と地方との共有責任のもと運用されていると解釈できる。

2000年代に入り，法律改正，規制緩和，予算措置の変更等を通じて，教育行財政制度は教育に対する国の一定の関与を残しつつも，都道府県教育委員会（および市町村教育委員会）の裁量を拡大する方向に改変を遂げてきた。その内容は多岐にわたるが，その具体例として，以下では教育資源のうち，学級編制および教員定数を取り上げ，教育分権化の動向を概観しておこう[5)]。

学級編制をめぐっては，義務教育においては「公立義務教育諸学校の学級編制及び教職員定数の標準に関する法律（義務標準法）」に，高校教育においては「公立高等学校の適正配置及び教職員定数の標準等に関する法律（高校標準法）」に，それぞれ定められた学級編制の標準に従って，都道府県教育委員会が決定することとなっていた。しかし，2001年の両法律の改正以降，都道府県教育委員会は，義務標準法および高校標準法上の学級編制の標準に縛られることなく，自らの裁量によって柔軟な学級編制（すなわち少人数学級化）を行うことが可能となった。

一方，教員定数をめぐっては，都道府県教育委員会が最終決定するものの，義務教育費国庫負担金や地方交付税交付金を都道府県間に配分するため，国によって教員の標準定数が定められていた。標準定数は，学級数にほぼリンクする形で決定されるため，学級編制の柔軟化に伴い，都道府県教育委員会の裁量は，教員定数の決定においても拡大する素地が整った[6)]。加えて，2004年から

5)　近年の教育行財政制度の改革の経緯については，中野（2010）が詳しい。

6)　標準定数は，児童生徒数に学級編制の標準を当てはめて算出された学級数（に一定の係数をかけ

は，義務教育費国庫負担金の最高限度額の決定方式を，総額裁量制に変更したことで，公立小中学校の教員定数と給与水準に対する都道府県教育委員会の裁量は増す結果となった。

以上，学級編制および教員定数について，2000年代に入り，国から都道府県および都道府県教育委員会に教育行財政をめぐる権限移譲が進んできた経緯を整理してきた。教育の機会均等を達成すべく，等量等質のサービスの提供を目指してきた教育行財政制度は，地方自治体の意向を汲む形で，多種多様な運用が図られる方向へ転換してきている。一方で，公教育をめぐる国による財政措置の存続[7]（義務教育費国庫負担金をはじめとする各種補助金，地方交付税交付金）なしには，教育分権化の実効性は担保できないのが実態である。

主として財源面で国の一定の関与を必要としつつも，従前に比べれば，教育資源の決定をめぐる裁量を発揮しうるようになった現状の公教育サービスの提供体制は，国と地方がその運用に共有責任を負う色彩が強まったと解釈できる。サービスの需要者である地域住民に対して，誰がどこまで責任を負っているのか明確でないことから生じる「部分的分権（Partial Decentralization）」の問題が，日本の公教育サービスの提供において表出・拡大していく可能性は高いと指摘できよう。

3. 理論モデル

本節では，Besley and Smart（2007），Joanis（2014）の公共サービスの階層的供給モデルに，公共サービス供給における Yardstick Bias が生じる状況を想定した Di Liddo and Giuranno（2016）を組み合わせることで，公教育サービス供

た値）を学校毎に足し合わせることで計算される基礎定数と，国によって各都道府県に裁量的に割り振られる国庫加配定数とを足し合わせることで求められる。国庫加配定数は，少人数指導や習熟度別指導等の指導方法の改善，あるいはいじめや不登校等の特別な配慮を必要とする児童生徒の支援といった，特定の教育課題に対応するために充当される教員定数であり，都道府県の申請に基づいて文部科学大臣が配分する。

7）義務教育における教職員給与は，教職員の給与単価×標準定数×1/3が義務教育費国庫負担金として，残り2/3が基準財政需要額に算入され，地方交付税交付金として都道府県に配分される。一方，高校教育の教職員給与は，上記の算定式の全額が基準財政需要額に算入され，地方交付税交付金として都道府県に配分される。

給をめぐる階層並列的な政治経済モデルを構築する。具体的には，中央政府と地方政府が公教育サービスの提供責任を共有している状況下において，再選確率を高めるべく自らの業績を誇示することを動機付けられた中央政府の議員および地方議員が，自らの政治的レントを最大化するよう行動する Political Agency Model を構築する。理論モデルの帰結として，公教育サービスをめぐる政治家同士の戦略的相互依存の結果，地方政府の公教育サービスの分権的供給水準が内生的に決まることを示す。モデルの前提として，以下の8つを想定する。

前提1）経済は，中央政府（c）と地方政府（l）および同質な地域住民により2期間で構成される。

前提2）経済は，2つの地域（$m=i,\neq i$）で構成され，それぞれ中央政府（c）の政治家（国会議員）と地方政府（l）の政治家（地方議員）を選出する。

前提3）i 地域の j 政府（$j=c,l$）（あるいは j 政治家）は，毎期先決の一括税 T^j を財源に，公教育サービス g^i を結合供給する。

前提4）i 地域の中央および地方政治家は，（住民一人当たり）政治的レント s^{ci}, s^{li} を最大化するよう，（住民一人当たり）公教育サービス g^{ci}, g^{li} を決定する。

前提5）i 地域の公教育サービス g^i は，両政府の政治家の当選確率 P^{ji} に影響する（政治家は再選による限界便益と政治的レント喪失による限界費用を知覚している）。

前提6）i 地域の住民は，公教育サービス g^i の水準をもとに投票を行うが，両政府の提供責任の割合については，十分な情報を持っていない（g^{ci} と g^{li} は知覚できない）。

前提7）j 政府の政治家は，1期目に公教育サービス g^{ji} と政治的レント s_1^{ji} を決定する。i 地域の住民は，自地域および他地域で実現した公教育サービス $g^i, g^{\neq i}$ をもとに，投票行動を決定する。

前提8）選挙は1期目の終わりに，両政府で同時に実施される。現職政治家は再選されれば，2期目に実現しうる中で最大の政治的レント（$s_2^{ji}=T^{ji}$）

を得る。

i 地域内で同質な選好を持つ住民は，中央政府と地方政府によって結合供給される公教育サービス g^i より効用を得るものとする。

$$u^i(g^i)=g^i \tag{1}$$

公教育サービス g^i は，中央政府（c）と地方政府（l）が提供責任を分かち合う状況（Shared Accountability）のもとで，以下のようなCES型生産関数のもと結合供給されるものとする。

$$g^i=(\theta^{ci}(g^{ci})^{\rho}+\theta^{li}(g^{li})^{\rho})^{1/\rho} \tag{2}$$

ここで，θ^{ci} は中央政府が，θ^{li} は地方政府が，それぞれ公教育サービスにおいて有する権限を表し，$0<\rho<1$ を仮定する。

はじめに，結合供給される公教育サービスへの提供責任は中央政府と地方政府が共有しつつも，中央政府に公教育サービスをめぐる意思決定権が集約されている「集権解」（集権融合型供給解[8]）を示す。集権解では，両地域の効用の和を，統合予算のもと最大化する，以下のような社会的厚生（SW）最大化の問題として定式化される。

$$\max_{g_{c,i},g_{l,i}} SW=u(g^i)+u(g^{\neq i}) \tag{3}$$

$$\text{s.t. } T=\tau(g^i+g^{\neq i}) \tag{4}$$

一階の条件は，$\dfrac{(g^{ci}\theta^{ci})^{\rho}((g^{ci}\theta^{ci})^{\rho}+(g^{li}\theta^{li})^{\rho})^{\frac{1}{\rho}-1}}{g^{ci}}-\lambda\tau=0$, $\dfrac{(g^{li}\theta^{li})^{\rho}((g^{ci}\theta^{ci})^{\rho}+(g^{li}\theta^{li})^{\rho})^{\frac{1}{\rho}-1}}{g^{li}}$ $-\lambda\tau=0$ となる。ここで λ はラグランジュ乗数である。集権解では，(5) 式，(6) 式が成立する。

8) 建林・曽我・待鳥（2008）は，日本の政府間関係を，政策立案の自律的な意思決定の主体が中央政府にあるのか，地方政府にあるのかによって「集権 or 分権」に，政策執行における国と地方の役割分担が重複あるいは一方の政府による委任があるか，重複もなく委任もないかによって「融合 or 分離」に分類しうることを主張した。本章では，公教育政策をめぐる立案と執行の長期継続的な実態を鑑み，「集権融合型供給」と「分権融合型供給」とに対比させた枠組みで議論する。

$$\frac{g^{ci}}{g^{li}}=\left(\frac{\theta^{c=i}}{\theta^{l=i}}\right)^{\frac{1}{1-\rho}},\ \frac{g^{c\neq i}}{g^{l\neq i}}=\left(\frac{\theta^{c\neq i}}{\theta^{l\neq i}}\right)^{\frac{1}{1-\rho}} \tag{5}$$

$$\frac{\dfrac{g^{ci}}{g^{li}}}{\dfrac{g^{c\neq i}}{g^{l\neq i}}}=\left(\frac{\dfrac{\theta^{ci}}{\theta^{li}}}{\dfrac{\theta^{c\neq i}}{\theta^{l\neq i}}}\right)^{\frac{1}{1-\rho}} \tag{6}$$

中央政府および各地方政府の公教育サービスの提供責任は，国が規制，財政措置等を通じて，直接・間接に決める権限に従って決まり，その割合に応じて，中央政府および地方政府が提供する公教育サービスの水準が決定される。

次に，公教育サービスの提供をめぐり，各々の地方政府が意思決定権を有するも，中央政府と地方政府で結合供給され，公教育サービスの提供責任を両政府が共有している「部分的分権解」（分権融合型供給解）を示す。各々の地方政府が中央政府および地方政府は，毎期先決の一括税 T^{ci}，T^{li} を公教育サービス g^{ci}，g^{li} と政治的レント s^{ci}，s^{li} に振り向ける[9)]。j 政府（$j=c,l$）の最大化問題は，以下のように定式化される。

$$\max_{s_1^{ji},\,s_2^{ji}} s^{ji}=s_1^{ji}+P^{ji}\beta s_2^{ji} \tag{7}$$

$$\text{s.t. } T_1^{ji}=\tau g_1^{ji}+s_1^{ji},\ T_2^{ji}=s_2^{ji} \text{ および } T_1^{ji}=T_2^{ji}=T^{ji} \tag{8}$$

ここで，τ は住民一人当たりの公教育サービスの供給コストを，$\beta\,(0<\beta<1)$ は時間選好率を示している。P^{ji} は j 政府を構成する政治家の再選確率に対する自己予想である。また，s_1^{ji} は1期目の住民一人当たりの政治的レントを，$P^{ji}\beta s_2^{ji}$ は2期目の住民一人当たりの期待政治的レントを表す。

中央および地方政府の政治家の再選には，以下，2つの業績評価が影響を与えるものと想定する。第1は，自地域選出の地方（中央）政治家が提供責任を有する公教育サービスを，隣接地域の公教育サービスと比較して業績評価する（Yardstick Competition）というものである。第2は，地方（中央）政治家の業績を，当該地域に結合供給される公教育サービスをもって，業績評価する

9）Joanis（2014）に準じて，地域住民および両政府にとって，T^{ci} および T^{li} は所与であるとする。加えて，毎期先決の $T^{ji}\,(j=c,l)$ は，任意の公的教育サービス $\widehat{g^i}$ の供給を保証しうる水準にあり，$\tau\widehat{g^i}\leq T^{ji}\leq\overline{y}$ を満たすものと仮定する。

(Shared Accountability) というものである。

より具体的には，前者については，Di Liddo and Giuranno (2016) の再選関数を援用し，i 地域における地方（中央）政治家の再選確率は，自地域で供給される公教育サービスと他地域で供給される公教育サービスに対する，自地域で供給される公教育サービスの比で構成されるコンテスト評価関数 $(g^i/(g^i+g^{\neq i}))$ に依存すると仮定する。後者については，Joanis (2014) を援用し，i 地方（中央）政治家の再選確率は，地域住民の1期目の効用 $u^i(\nu^i)$ が一定水準 $\tilde{u}^i(\tilde{\nu}^i)$ を超えるか否かに依存すると仮定する。$\tilde{\nu}^i$ および $\tilde{u}^i$ の分布関数を $G[\tilde{\nu}^i]$ および $F[u^i]$ とし，それらは $[0,\nu^{*i}]([0,u^{*i}])$ 間で一様に分布していると仮定する。これより，i 地域の現職政治家の再選確率 P^{ci} および P^{li} は，以下の式で与えられる。

$$\begin{aligned} P^{li} &= \Pr\left[u^i(g^i, T^i) \geq \tilde{u}^i\right]\left(\frac{g^i}{g^i+g^{\neq i}}\right) \\ &= F\left[u^i(g^i, T^i)\right]\left(\frac{g^i}{g^i+g^{\neq i}}\right) = \frac{1}{u^{*i}} g^i\left(\frac{g^i}{g^i+g^{\neq i}}\right) \end{aligned} \tag{9}$$

$$\begin{aligned} P^{ci} &= \Pr\left[\nu^i(g^i, T^i) \geq \tilde{\nu}^i\right]\left(\frac{g^i}{g^i+g^{\neq i}}\right) \\ &= G\left[\nu^i(g^i, T^i)\right]\left(\frac{g^i}{g^i+g^{\neq i}}\right) = \frac{1}{\nu^{*i}} g^i\left(\frac{g^i}{g^i+g^{\neq i}}\right) \end{aligned} \tag{10}$$

ここで u^{*i} (ν^{*i}) は，地域住民が地方（中央）政治家の再選を判断する効用水準の上限値を意味しており，これが高いほど地方（中央）政治家の再選確率は低下する。このことから，u^{*i} (ν^{*i}) は地方（中央）政治家の選挙における不確実性を表すと解釈される。以上を踏まえて，i $(\neq i)$ 地域における地方政治家および中央政治家の1期目の最大化問題は，(1) 式，(2) 式および (7)～(10) 式および $s_2^{li(\neq i)}=T^{li(\neq i)}$，$s_2^{ci(\neq i)}=T^{ci(\neq i)}$ を用いて以下のように書き換えられる。

$$\max_{g^{li(\neq i)}} T^{li(\neq i)} - \tau g^{li(\neq i)} + \beta T^{li(\neq i)} \frac{1}{u^{*i(\neq i)}} g^{i(\neq i)}\left(\frac{g^{i(\neq i)}}{g^{i(\neq i)}+g^{\neq i(i)}}\right) \tag{11-1, 2}$$

$$\max_{g^{ci(\neq i)}} T^{ci(\neq i)} - \tau g^{ci(\neq i)} + \beta T^{ci(\neq i)} \frac{1}{\nu^{*i(\neq i)}} g^{i(\neq i)}\left(\frac{g^{i(\neq i)}}{g^{i(\neq i)}+g^{\neq i(i)}}\right) \tag{12-1, 2}$$

中央政府と地方政府が公教育サービスの提供責任を共有している状況下において，再選確率を高めるべく動機付けられた中央政府および地方政府の政治家が，自らの政治的レントを最大化するよう行動する結果，一階の条件は下記のとおりとなる。

$$\frac{g^{li(\neq i)^{\rho-1}}T^{li(\neq i)}\beta\theta^{li(\neq i)}(g^{ci(\neq i)^{\rho}}\theta^{ci(\neq i)}+g^{li(\neq i)^{\rho}}\theta^{li(\neq i)})^{\frac{2}{\rho}-1}\{(g^{ci(\neq i)^{\rho}}\theta^{ci(\neq i)}+g^{li(\neq i)^{\rho}}\theta^{li(\neq i)})^{\frac{1}{\rho}}+2(g^{c\neq i(i)^{\rho}}\theta^{c\neq i(i)}+g^{l\neq i(i)^{\rho}}\theta^{l\neq i(i)})^{\frac{1}{\rho}}\}}{u^{*i(\neq i)}((g^{ci(\neq i)^{\rho}}\theta^{ci(\neq i)}+g^{li(\neq i)^{\rho}}\theta^{li(\neq i)})^{\frac{1}{\rho}}+(g^{c\neq i(i)^{\rho}}\theta^{c\neq i(i)}+g^{l\neq i(i)^{\rho}}\theta^{l\neq i(i)})^{\frac{1}{\rho}})^{2}}-\tau=0 \quad (13\text{-}1,2)$$

$$\frac{g^{ci(\neq i)^{\rho-1}}T^{ci(\neq i)}\beta\theta^{ci(\neq i)}(g^{ci(\neq i)^{\rho}}\theta^{ci(\neq i)}+g^{li(\neq i)^{\rho}}\theta^{li(\neq i)})^{\frac{2}{\rho}-1}\{(g^{ci(\neq i)^{\rho}}\theta^{ci(\neq i)}+g^{li(\neq i)^{\rho}}\theta^{li(\neq i)})^{\frac{1}{\rho}}+2(g^{c\neq i(i)^{\rho}}\theta^{c\neq i(i)}+g^{l\neq i(i)^{\rho}}\theta^{l\neq i(i)})^{\frac{1}{\rho}}\}}{\nu^{*i(\neq i)}((g^{ci(\neq i)^{\rho}}\theta^{ci(\neq i)}+g^{li(\neq i)^{\rho}}\theta^{li(\neq i)})^{\frac{1}{\rho}}+(g^{c\neq i(i)^{\rho}}\theta^{c\neq i(i)}+g^{l\neq i(i)^{\rho}}\theta^{l\neq i(i)})^{\frac{1}{\rho}})^{2}}-\tau=0 \quad (14\text{-}1,2)$$

（13-1）式を用いて，g^{ci}，$g^{l\neq i}$ および $g^{c\neq i}$ の効果を分析すると，$\frac{dg^{li}}{dg^{ci}}<0$, $\frac{dg^{li}}{dg^{l\neq i}}>0$, $\frac{dg^{li}}{dg^{c\neq i}}>0$ であることがわかる[10)]。すなわち，自地域の中央政府の公教育サービス供給の増加が自地域の公教育サービス供給量を減少させる効果（Shared Accountability 効果）と，他地域の公教育サービス供給量の増加が自地域の公共サービス供給量を増加させる効果（Yardstick Competition 効果）の2つの効果が生じることがわかる。

実証的手法を用いて，Shared Accountability の検証を行った Jametti and Joanis (2020) を援用し，パラメータによって，結合供給および Yardstick 競争の効果を見るための変形を行う。ここで（13-1）式/(14-1）式により，

$$\frac{g^{li}}{g^{ci}}=\left(\frac{\theta^{li}}{\theta^{ci}}\frac{T^{li}}{T^{ci}}\frac{\nu^{*i}}{u^{*i}}\right)^{\frac{1}{1-\rho}} \quad (15)$$

が成り立つ。(15) 式は，ある地域において相対的歳入度 T^{li}/T^{ci} や再選のための不確実性 ν^{*i}/u^{*i} が，その地域の分権度の度合いにどのように影響するかを示したものである。(13-2) 式/(13-1) 式，(14-2) 式/(14-1) 式を計算し，(15)

10)　詳細は，章末の APPENDIX を参照。

式を用いて整理することで，(13-1,2) 式，(14-1,2) 式の解として得られるナッシュ均衡解 $(g^{ci(\neq i)N}, g^{li(\neq i)N})$ では，

$$\frac{\frac{g^{liN}}{g^{ciN}}}{\frac{g^{l\neq iN}}{g^{c\neq iN}}}=\left(\frac{\frac{\theta^{li}T^{li}\nu^{*i}}{\theta^{ci}T^{ci}u^{*i}}}{\frac{\theta^{l\neq i}T^{l\neq i}\nu^{*\neq i}}{\theta^{c\neq i}T^{c\neq i}u^{*\neq i}}}\right)^{\frac{1}{1-\rho}} \tag{16}$$

が成立していなければならない。

部分的分権解である (16) 式と集権解である (6) 式とを比較する。予算および効用水準の上限値が異なること（すなわち，$T^{li}\neq T^{ci}$ および $\nu^{*i}\neq u^{*i}$）が，部分的分権解の歪み (Shared Accountability Bias and Yardstick Bias) の源泉となる。当該政府の予算規模が大きければ，公教育サービスを増加させたうえに，再選レントも手に入れることができるため，当該政府に公教育サービスの供給増加の誘因が働く。効用の上限値（u^{*i} または ν^{*i}）の変化は，再選を求める（政治レントを求める）ことによる資源配分の歪みの変化を生じさせる。例えば，$u^{*i}(\nu^{*i})$ が大きければ，部分的分権解においては，地方（中央）政治家の再選確率が低下するため，地方（中央）政治家に公教育サービスの供給を減少させる誘因が働く。集権解は，部分的分権解において達成されることがなく，一般的に両者はかい離する。

次に，部分的分権解の特徴に着目する。自地域の中央政府と地方政府の相対的権限度（θ^{li}/θ^{ci}）が大きい場合，相対的歳入度（T^{li}/T^{ci}）が大きい場合，両政府を代表する政治家の再選に対する相対的不確実性が地方政治家の方が小さい場合，$(g^{li}/g^{ci})/(g^{l\neq i}/g^{c\neq i})$ が大きい一方，他地域の政治家の再選に対する相対的不確実性が地方政治家の方が小さい場合，$(g^{li}/g^{ci})/(g^{l\neq i}/g^{c\neq i})$ が小さいことがわかる。

上記は，(1) Shared Accountability 効果[11] と (2) Yardstick Competition 効

11) 本節の冒頭で述べたように，地域住民は中央と地方の両政府によって供給される公教育サービス全体の水準は知覚できるが，それぞれの政府の提供責任の度合いについては，十分な情報を持っていない。有権者と政治家との間に以上のような情報の非対称性がある状況において，中央政治家と地方政治家の間には，自らが予想する再選確率が低ければ（u^* および ν^* が高ければ），相手の政府に公教育サービスの供給を押し付けることが合理的となる。

果の2つの効果が混在する形で導かれる。一例として，他（自）地域の地方政治家の再選確率 $\nu^{*\neq i}/u^{*\neq i}$ (ν^{*i}/u^{*i}) が高い場合を考えよう。これは，当該地域の Shared Accountability 効果を緩和し，Yardstick Competition 効果を激化させる形で影響する。まず，Shared Accountability 効果については，他（自）地域の地方政治家の再選確率の上昇は，当該地域の地方政府による公教育サービスの供給増の誘因となるため，$g^{l\neq i}/g^{c\neq i}$ (g^{li}/g^{ci}) が上昇する（(16) 式の分母（分子）が上昇する)。これは，他（自）地域において，結合供給によるただ乗りの誘因が減少していることを意味している。一方，Yardstick Competition 効果については，他（自）地域における地方政府の公教育サービスを直接的に増加させるとともに，自（他）地域の地方政府の公教育サービスも増加させる。ナッシュ均衡の安定性を考慮すれば，自（他）地域の地方政府による公教育サービスの増加水準は，他（自）地域のそれよりも小さくなる。したがって，この効果も，左辺をさらに減少（増加）させることとなる。

4. 実証分析

本節では，2000年代以降に進んだ教育行財政をめぐる道府県への権限移譲，具体的には少人数学級化への取り組みが，いかなる要因によって決定されてきたかを実証分析する。

以下，まず4.1項では，実証分析に用いるモデルを特定化する。4.2項では，使用したデータについて述べる。4.3項では，推定結果を検定のうえ，その結果を解釈しつつ，導かれる政策的含意について説明する。

4.1. 推定モデルの特定化

本章では，公教育サービス水準の決定要因として，国と地方自治体との相対的な政治力（再選確率）の差に着目する。具体的には，第3節の理論モデルを踏まえ，国会議員と道府県議員それぞれの再選確率の差が，公教育サービスをめぐる国と道府県との提供責任の差を生じさせることを示した (16) 式をもとに，以下のような対数線形式の回帰モデルをもとに教育分権度の規定要因を実証分析する。

$$\ln \frac{y_{it}}{\sum_{i \neq j} W_{jit} y_{jt}} = \alpha_o + \beta_1 \ln x_{it}^1 + \beta_2 \sum_{i \neq j} W_{ijt} \ln x_{jt}^1 + \beta_3 \ln x_{it}^2 + \beta_4 \sum_{i \neq j} W_{ijt} \ln x_{jt}^2 + \sum_{k=1}^{6} \gamma_k \ln z_{it}^k + \mu_i + \phi_t + \varepsilon_{it} \tag{17}$$

ここで，i（=1～41）は道府県を，t（=2003, 2007, 2011, 2015）は年度を表す。$\frac{y_{it}}{W_{jit} y_{jt}}$ は相対的な教育分権度を示す変数であり，具体的には少人数学級の進捗度（30人以下学級比率および35人以下学級比率）の当該道府県と他道府県との比を表す。$x_{i(j)t}^1$（$\nu^{*i(\neq i)}/u^{*i(\neq i)}$ に相当）は当該（他）道府県の相対的政治力（都道府県議員の第1党得票率と衆議院議員の第1党得票率の比）を示す変数である。$x_{i(j)t}^2$（$\theta^{li(\neq i)} T^{li(\neq i)}/\theta^{ci(\neq i)} T^{ci(\neq i)}$ に相当）は当該（他）道府県の国と地方の教育財政の権限度（都道府県支出金対国庫補助金比率）を示す変数である[12]。z_{it}^k は教育分権度に影響を与えるその他の要因変数（児童人口比率，経常収支比率，完全失業率，一人当たり投資的経費，一人当たり民生費，一人当たり農林水産業費）を表す。なお，μ_i は個体効果，ϕ_t は時間効果，ε_{it} は不均一分散を仮定した誤差項であり，$\varepsilon_{it} \sim iid(0, \sigma_{\varepsilon_i}^2)$ を満たすものとする。

β_1, β_2 は国会議員と道府県議員との相対的な政治力が教育分権度に与える影響を捉える変数である[13]。理論モデルで示したように，中央政府と地方政府とが教育サービスの提供責任を共有している状況において，有権者と政治家との間に情報の非対称性が生じる場合には，国会議員と地方議員との戦略的行動の帰結として，教育分権度が内生的に決定される。β_1, β_2 は両政治家の再選確率の差の代理変数と見なせることから，予想される符号条件は β_1 がプラス，β_2 がマイナスである。

理論モデルが想定する道府県の影響を捉えるため，本章では以下3つの地域ウェイト W_{ijt} を作成し，道府県データにかけ合わせる値の加重和を計算するこ

12) 都道府県支出金および義務教育費国庫負担金の額は，「義務教育費国庫負担法」に基づき決定されることから，両者の比率は義務教育に関わる各々の政府の権限とそれを担保しうる財源の乗算（$\theta^l T^l/\theta^c T^c$）に相当すると解釈した。

13) 国会議員は，例えば，予算折衝を通じて毎年度決まる国庫加配定数の都道府県毎の配分をめぐって，教育行財政に関与する余地がある。なお，国および都道府県による加配定数の都道府県別の内訳は，公表されていない。

とで，他道府県の影響を捉える変数を作成する。各ウェイトとも，$\sum_{j \neq i} W_{ijt}=1$ となるよう各ウェイトを相対化しており，また $W_{iit}=0$（同一地域間はゼロ）であるとする。第1のウェイトは，隣接ウェイト（W_{rin}）である。隣接する地域数をもとにウェイト付けを行うものであり，具体的には以下のような定義式を用いて，当該道府県 i を県境が接している道府県数（n_i）によって，影響を受けるエリアを条件付ける。

$$W_{rin}=1/n_i \tag{18}$$

第2のウェイトは，距離ウェイト（W_{dis}）である。これは，当該道府県と距離が近い道府県を大きくウェイト付けするものである。具体的には，以下のような定義式をもとに，当該道府県 i と他の道府県 j との県庁所在地間の距離の逆数を，全道府県との距離の逆数の和で割ることによってウェイトを作成し，影響を受けるエリアを条件付けるものである。

$$W_{dis}=\frac{1}{|dis_i-dis_j|}\Big/\sum_{j=1}^{J}\frac{1}{|dis_i-dis_j|} \tag{19}$$

第3のウェイトは，人口差ウェイト（W_{pop}）である。当該道府県との人口規模の差によって地域間にウェイト付けを行うものであり，具体的には以下のような定義式を用いて，影響を受けるエリアを条件付ける。

$$W_{pop}=|pop_i-pop_j|/\sum_{j=1}^{J}|pop_i-pop_j| \tag{20}$$

4.2. データ

（17）式の推定は，2003，2007，2011，2015年度の4カ年度の道府県パネルデータを用いて行う[14)]。以下，推定に用いたデータについて述べていこう。原系列の記述統計については，図表4-1を参照されたい。

被説明変数である少人数学級比率については，文部科学省生涯学習政策局「学校基本調査」にある都道府県別の公立小学校の30人以下学級数および35

14）岩手県，宮城県，福島県，茨城県，東京都，沖縄県を除く41道府県のパネルデータを用いている。

図表 4-1　記述統計

変数名	平均	標準偏差	最大	最小
35 人以下学級比率	0.876	0.067	1.000	0.702
30 人以下学級比率	0.595	0.125	0.906	0.290
自地域第 1 党得票率比率	0.862	0.246	2.943	0.201
他地域第 1 党得票率比率	0.855	0.047	0.933	0.779
都道府県支出金対国庫補助金比率	0.002	0.000	0.003	0.000
児童人口比率	5.344	0.473	7.560	4.123
経常収支比率	93.444	4.281	103.500	80.200
完全失業率	3.9	1.0	7.6	1.8
一人当たり投資的経費（千円）	86.672	45.005	265.745	14.856
一人当たり民生費（千円）	50.459	15.169	88.130	17.000
一人当たり農林水産業費（千円）	33.336	20.071	97.973	1.214

人以下学級数を全学級数で除することで求めた[15]。

説明変数である相対的政治力については，総務省自治行政局「地方選挙結果調」にある道府県議員第 1 党得票率（道府県議員第 1 党得票数／道府県議員得票総数）を同じく「地方選挙結果調」にある衆議院小選挙区選出議員第 1 党得票率（衆議院議員第 1 党得票数／衆議院小選挙区選出議員得票総数）で除することで求めた。教育財政上の権限度については，文部科学省生涯学習政策局「地方教育費調査」にある公立学校教育費に関する都道府県支出金（消費的支出）を国庫補助金（消費的支出）で除することで求めた。児童人口比率については，文部科学省生涯学習政策局「学校基本調査」にある都道府県別の単式学級在籍の児童数を，総務省統計局「国勢調査」および「人口推計」にある都道府県別の人口総数で除することで求めた。経常収支比率，投資的経費，民生費，農林水産業費については，総務省自治財政局「都道府県決算状況調」より入手し，後者 3 つについては，先述した総務省統計局「国勢調査」および「人口推計」にある都道府県別の人口総数で除することで一人当たりの値を求めた。完全失業率については，総務省統計局「労働力調査」にある都道府県別完全失業率（年平均モデル推計値）を用いた。

15）児童生徒数の減少による小規模校化あるいは（1 学級当たりの人数が小学校で 16 人以下，中学校で 8 人以下の場合に採用される）複式学級化が学級数に与える影響を考慮して，分母分子それぞれから 12 人以下学級数を除いて算定している。

4.3. 推定結果

ここでは，(17) 式を回帰分析することで得られた推定結果を示し，その結果について解釈を行う。30人以下学級比率および35人以下学級比率を被説明変数に，小学校をサンプルとして (13) 式をパネル分析した結果が，図表4-2，図表4-3に示されている。(a) (b) (c) は，それぞれ地域ウェイトとして，先述した距離ウェイト，人口差ウェイト，隣接ウェイトを用いた推定結果である。図表4-2および図表4-3では，F検定による pooled model か fixed effects model かの選択，Hausman 検定による fixed effects model か random effects model かの選択，Breusch-Pagan 検定による pooled model か random effects model かの選択を行い，採択された fixed effects model のみの結果が報告されている。本章では，サンプル期間を通じて少子化が進行してきた点，総額裁量制の採用に代表される教育制度の細かな見直しが実施されてきた点を踏まえて，個体効果および時間効果の両方を含む two-way error components model での推定が妥当であると判断した。

モデルの特定化に対する検定結果を踏まえ，以下では係数の統計的有意性および符号条件について検討していくことにしよう。図表4-2，図表4-3に示した公立小学校に関する推定結果をみると，第1党得票率比率 (β_1) が (a) および (b) についてプラスで符号条件を満たし有意となっているのに対し，(c) については有意となっていない。他地域第1党得票率比率 (β_2) に関しては，図表4-2の (a) がマイナスで有意になっている一方，(b) (c) については有意になっていない。図表4-3では，(a) (b) で有意とはならず，(c) はプラスで有意となっている。

都道府県支出金対国庫補助金比率 (β_3) については，図表4-2および図表4-3ともに，(c) についてはプラスで符号条件を満たしつつ有意となっている一方，(a) (b) についてはプラスで符号条件を満たすものの有意ではない。他地域都道府県支出金対国庫補助金比率 (β_4) については，図表4-2において，(a) (c) がマイナスで符号条件を満たしつつ有意となっている一方，(b) についてはプラスで有意となっている。図表4-3において (c) についてマイナスで符号条件を満たしつつ有意となっている一方，(a) については符号条件を満たすものの有意ではなく，(b) についてはプラスで有意となっている。

図表 4-2　公立小学校に関する推定結果（30人以下学級比率）

パラメータ（変数名）	(a) 距離ウェイト	(b) 人口差ウェイト	(c) 隣接ウェイト
β_1（自地域第1党得票比率）	0.017* (0.009)	0.033* (0.017)	0.013 (0.014)
β_2（他地域第1党得票比率）	−0.127** (0.056)	0.082 (0.351)	0.013 (0.028)
β_3（自地域都道府県支出金対国庫補助金比率）	0.042 (0.159)	0.045 (0.191)	0.126* (0.067)
β_4（他地域都道府県支出金対国庫補助金比率）	−1.037** (0.462)	3.259*** (0.524)	−0.478*** (0.068)
γ_1（児童人口比率）	0.183** (0.072)	0.493*** (0.162)	0.120 (0.214)
γ_2（経常収支比率）	0.261* (0.144)	0.039 (0.210)	0.125 (0.214)
γ_3（完全失業率）	−0.044 (0.051)	−0.110 (0.082)	−0.051 (0.034)
γ_4（一人当たり投資的経費）	−0.089*** (0.033)	−0.114*** (0.022)	−0.169*** (0.022)
γ_5（一人当たり民生費）	0.262*** (0.035)	0.558*** (0.018)	0.216*** (0.064)
γ_6（一人当たり農林水産業費）	−0.067*** (0.020)	−0.083*** (0.024)	−0.048** (0.024)
F 値	9.340*** (0.000)	9.771*** (0.000)	12.049*** (0.000)
Hausman	23.172***〈10〉 (0.000)	27.395**〈10〉 (0.000)	36.101***〈10〉 (0.000)
Breusch-Pagan	81.560*** (0.000)	62.854*** (0.000)	82.746*** (0.000)
$AdjR^2$	0.889	0.901	0.946
サンプルサイズ	164	164	160

注1）推定結果は，モデルの定式化の誤りに対する検定の結果採択された fixed effects model の推定値である。また，簡略化のため，定数項，個体効果および時間効果の値は省略している。
注2）*** は両側1% の有意水準，** は両側5% の有意水準，* は両側10% の有意水準であることを示す。
注3）パラメータ内の括弧は White の標準誤差を示し，$AdjR^2$ は自由度修正済みの決定係数を示す。また，F 値，Hausman, Breusch-Pagan の括弧は p-value を示し，Hausman の〈 〉の数字は自由度を示す。

図表 4-3　公立小学校に関する推定結果（35人以下学級比率）

パラメータ（変数名）	(a) 距離ウェイト	(b) 人口差ウェイト	(c) 隣接ウェイト
β_1（自地域第1党得票比率）	0.011** (0.005)	0.015** (0.007)	0.002 (0.005)
β_2（他地域第1党得票比率）	0.021 (0.063)	0.044 (0.113)	0.031** (0.013)
β_3（自地域都道府県支出金対国庫補助金比率）	0.042 (0.716)	0.022 (0.091)	0.114*** (0.029)
β_4（他地域都道府県支出金対国庫補助金比率）	−0.417 (0.322)	0.382*** (0.137)	−0.246*** (0.036)
γ_1（児童人口比率）	0.439*** (0.092)	0.576*** (0.133)	0.277*** (0.059)
γ_2（経常収支比率）	0.137*** (0.047)	0.098** (0.048)	0.051 (0.078)
γ_3（完全失業率）	−0.016 (0.033)	−0.042** (0.042)	−0.009 (0.016)
γ_4（一人当たり投資的経費）	−0.029** (0.014)	−0.034*** (0.011)	−0.046** (0.020)
γ_5（一人当たり民生費）	0.029 (0.027)	0.096*** (0.024)	0.053 (0.040)
γ_6（一人当たり農林水産業費）	−0.008 (0.015)	−0.017 (0.019)	−0.005 (0.021)
F値	7.546*** (0.000)	4.577*** (0.000)	13.224*** (0.000)
Hausman	26.926***〈10〉 (0.000)	31.418**〈10〉 (0.000)	87.541***〈10〉 (0.000)
Breusch-Pagan	36.230*** (0.000)	25.230*** (0.000)	34.602*** (0.000)
$AdjR^2$	0.910	0.685	0.981
サンプルサイズ	164	164	160

注1）推定結果は，モデルの定式化の誤りに対する検定の結果採択された fixed effects model の推定値である。また，簡略化のため，定数項，個体効果および時間効果の値は省略している。
注2）*** は両側1% の有意水準，** は両側5% の有意水準，* は両側10% の有意水準であることを示す。
注3）パラメータ内の括弧は White の標準誤差を示し，$AdjR^2$ は自由度修正済みの決定係数を示す。また，F値，Hausman, Breusch-Pagan の括弧は p-value を示し，Hausman の〈 〉の数字は自由度を示す。

その他の変数をみていると，児童人口比率（γ_1）については，図表4-2の（c）を除きプラスで有意となっている。経常収支比率については，いずれもプラスと符号条件を満たすものの，有意な結果と有意でない結果が混在している。一人当たり歳出に関しては，投資的経費についてはいずれの推定結果においてもマイナスで有意に，民生費についてはおおむねプラスで有意に，農林水産業費については，図表4-2のみ，マイナスで有意となっている。完全失業率については，一部の推定結果を除き，有意となっていない。

以上の推定結果より，教育分権度の規定要因として，以下の2点が確認されたといえよう。第1に，理論が想定する自地域地方議会基盤からの影響は，距離ウェイトおよび人口差ウェイトを用いた30人以下学級比率と35人以下学級比率の推定結果において確認されたということである。第2に，理論が想定する他地域地方議会基盤からの影響は，距離ウェイトを用いた30人以下学級比率の結果において確認された一方，35人以下学級比率については，いずれのウェイトの結果においても，理論と整合的な結果が確認されなかったということである[16]。

一連の実証分析をもとに，その政策的含意を述べるならば，以下のようになろう。小学校段階における公教育サービスの分権的供給，とりわけより少人数学級化へ向かう傾向は，道府県の相対的政治力（道府県議員の再選確率）が高い地域において，進んでいると考えられる。都道府県の教育分権化を深化させる上では，議会基盤の強化を図るとともに，有権者による選挙を通じた規律付けが機能しやすくなるよう，教育行財政をめぐる国および都道府県の権限と責任の一致と都道府県間の政策競争，言い換えれば，国と都道府県にまたがる公教育サービスの提供責任の共有化の解消と，公教育サービスの「見える化」による地域間の政策伝播を促すための情報公開の徹底を目指す必要があろう。

16）35人以下学級比率の推定結果が，30人以下学級比率の推定結果と比較して，理論と整合的な係数を得にくかった背景には，2011年から小学校1年生において採用された35人学級化（35人学級を学級編制の標準とする義務標準法の改正）の影響を，35人以下学級比率の推定結果は，排除できていないことがあると考えられる。

5. おわりに

本章では，公教育をめぐる政治家同士の戦略的相互依存の帰結として，地方自治体の公教育サービスの分権的供給水準が内生的に決まることを理論的に示したうえで，それが日本における公教育の分権的供給を説明する要因になりうるかを，道府県パネルデータを用いて検証した。具体的には，「学校基本調査」および「地方教育費調査」を用いて，2001年以降に進んだ教育行財政をめぐる都道府県への権限移譲，具体的には小学校段階における少人数学級化の取り組みが，いかなる要因によって決定してきたかを実証分析した。

実証分析の結果，以下の2点が確認されたといえよう。第1に，理論が想定する自地域地方議会基盤からの影響は，距離ウェイトおよび人口差ウェイトを用いた30人以下学級比率と35人以下学級比率の推定結果において確認されたということである。第2に，理論が想定する他地域地方議会基盤からの影響は，距離ウェイトを用いた30人以下学級比率の結果において確認された一方，35人以下学級比率については，いずれのウェイトの結果においても，理論と整合的な結果が確認されなかったということである。

一連の実証分析は，小学校段階におけいる公教育サービスの分権的供給，とりわけより少人数学級化へ向かう傾向は，道府県の相対的政治力（道府県議員の再選確率）が高い地域において，進んでいることを示唆するものと解釈される。都道府県の教育分権化を深化させるうえでは，議会基盤の強化を図るとともに，有権者による選挙を通じた規律付けが機能しやすくなるよう，教育行財政をめぐる国および都道府県の権限と責任の一致と都道府県間の政策競争，言い換えれば，国と都道府県にまたがる公教育サービスの提供責任の共有化の解消と，公教育サービスの「見える化」による地域間の政策伝播を促すための情報公開の徹底を目指す必要があろう。

最後に，本章に残された課題について，以下3点を指摘しておきたい。第1に，分析データを多様化することによる回帰分析の頑強性のチェックについてである。本章では，データの制約から，道府県議員のみを対象として実証分析を行っている。しかし，公教育サービスの提供をめぐっては，知事の裁量の余地も無視できないと考えられる。本章で用いた道府県議員の第1党の得票率に加え，知事選挙の支援状況や条例への賛否等で判断しうる知事与党の得票率，あるいは知事選挙自体での得票率を用いて回帰分析を実施し，本章の結論が支持されるかをチェックする必要がある。加えて，データの制約があるものの，非常勤講師の採用状況や教員給与の分権的決定等，本章で扱った以外の教育分権化の指標を被説明変数に用いた回帰分析を試みる等の工夫の余地が残されている。

第2に，都道府県と市町村の共有責任問題を考察することを通じた分析枠組みの拡張についてである。本章では，少人数学級化を題材として，2000年代に進んだ教育をめぐる都道府県への規制緩和を対象に実証分析を実施している。しかし，公教育サービスの提供をめぐっては，都道府県と市町村の間にも，類似の共有責任問題の発生が予想される。すなわち，小中学校の学区制定の権限は市町村教育委員会にある一方，教員定数（および配置）の決定権限および教員給与の負担は都道府県教育委員会が負っている。この結果，市町村教育委員会が学校統廃合をめぐる意思決定を行う際，教員給与の負担を負う都道府県教育委員会の意向は考慮されないため，学校統廃合の決定を下す際，財政上の配慮は行わなくてもよい状況になっている。これは，本章が扱う共有責任問題の典型的な事例といえるため，本来であれば実証分析の対象とすべきであるが，小中学校の市町村別の統廃合数が時系列で公表されていない等，データの制約からにわかには取り組むことが困難である。実証分析の対象拡大に向けて，さらなる情報公開が待たれるといえる。

第3に，公教育サービスの供給実態およびそれによって引き起こされるアカウンタビリティ問題を精査するための，理論モデルの拡張についてである。本章では，国と都道府県にまたがる公教育サービスの提供責任の共有化を捉えるため，階層的な Political Agency Model を想定した。また，実際の公教育サービスの提供をめぐっては，中央政府と地方政府の垂直的な相互依存関係のみならず，分権的政策競争（Yardstick Competition）に代表される地方政府同士の水平的な相互依存関係も生じている可能性があるため，それを考慮した並列的な Agency Model への拡張を試みた。本章では，中央政府と地方政府への選挙を通じた規律付けに程度の差はないとの前提でモデルを構築しているが，中央政府と地方政府とでは，Electoral Accountability の効力が異なることを想定した理論分析として，Hindriks and Lockwood（2009）および Devarajan et al.（2009）がある。中央政府と地方政府の Electoral Accountability の同質性というモデルの前提の現実妥当性への吟味を踏まえた理論的枠組みの拡張の余地があるといえよう。

APPENDIX

（13-1）式を用いて，g^{ci}，$g^{l\neq i}$ および $g^{c\neq i}$ の効果を分析すると，

$$\frac{dg^{li}}{dg^{ci}} = \frac{1}{\Delta}\frac{g^{ci^{-(1-\rho)}}g^{li^{-(1-\rho)}}\theta^{ci}\theta^{li}(g^{ci^{\rho}}\theta^{ci}+g^{li^{\rho}}\theta^{li})^{\frac{1}{\rho}-1}T^{li}\beta(2g^{j^2}(2-\rho)+g^{i^2}(1-\rho)+3g^ig^j(1-\rho))}{(g^i+g^{\neq i})u^{*i}} < 0 \quad (13\text{-}1a)$$

$$\frac{dg^{li}}{dg^{l\neq i}} = -\frac{1}{\Delta}\left(\frac{g^{ci^{-(1-\rho)}}g^{l\neq i^{-(1-\rho)}}T^{li}\beta\theta^{li}(g^{ci^{\rho}}\theta^{ci}+g^{li^{\rho}}\theta^{li})^{\frac{1}{\rho}-1}\theta^{l\neq i}(g^{c\neq i^{\rho}}\theta^{c\neq i}+g^{l\neq i^{\rho}}\theta^{l\neq i})^{\frac{1}{\rho}-1}}{(g^i+g^{j\neq i})u^{*i}}\right)>0 \quad (13\text{-}1b)$$

$$\frac{dg^{li}}{dg^{c\neq i}} = -\frac{1}{\Delta}\left(\frac{g^{c\neq i^{-(1-\rho)}}g^{li^{-(1-\rho)}}T^{li}\beta\theta^{c\neq i}\theta^{li}(g^{ci^{\rho}}\theta^{ci}+g^{li^{\rho}}\theta^{li})^{\frac{1}{\rho}-1}(g^{c\neq i^{\rho}}\theta^{c\neq i}+g^{l\neq i^{\rho}}\theta^{l\neq i})^{\frac{1}{\rho}-1}}{(g^i+g^{\neq i})u^{*i}}\right)>0 \quad (13\text{-}1c)$$

となる。分母 $\Delta=\frac{1}{u^{*i}}g^{li^{\rho-1}}T^{li}\beta\theta^{li}g^{i^{\frac{1}{\rho}-1}}\left(\frac{2g^{li^{\rho}}\theta^{li}g^{l\neq i^2}}{g^i+g^{\neq i}}-g^{ci^{\rho}}\theta^{ci}(g^i+2g^{\neq i})(1-\rho)\right)$ は二階の条件より負である。したがって，自地域の中央政府の公教育サービス供給の増加は，自地域の公教育サービス供給量を減少させる $\left(\frac{dg^{li}}{dg^{ci}}<0\right)$（Shared Accountability 効果）一方，他地域の公教育サービス供給量の増加は，自地域の公共サービス供給量の増加を導く（$\frac{dg^{li}}{dg^{l\neq i}}>0$ および $\frac{dg^{li}}{dg^{c\neq i}}>0$）ことがわかる。

第5章　政令指定都市への学級編制基準決定権の権限移譲の効果
——都市別パネルデータを用いた実証分析——

1. はじめに

公教育政策の分権的決定は，2000年代に相次いだ法律改正，教育行財政制度の改変を受けて，多くの都道府県や市町村で，日常的に繰り返し実践されている。2004年，教育公務員特例法の改正により，公立学校教員（小中高等学校教員）の国立学校準拠制が廃止されたことで，都道府県（および政令指定都市）は，条例により主体的に教員給与の水準を決定できるようになった。

加えて，2014年6月の「地方の自主性及び自立性を高めるための改革の推進を図るための関係法律の整備に関する法律」（以下「第4次地方分権一括法」）の成立により，2017年4月より，県費負担教職員の給与等の負担，県費負担教職員の定数の決定，さらには市町村立小中学校の学級編制基準の決定について，道府県から政令市へ事務・権限の移譲が行われた。これにより，教職員の給与等の負担をめぐっては，任免権者（政令指定都市）と，給与負担者（都道府県）とが異なる「ねじれ状態」が解消される一方，学級編制基準をめぐっては，政令指令都市が自ら加配教員の定数を判断できることになり，学校の実情に即した教職員配置の実現が期待されるところとなった。

公教育の分権化が進行する中，教員給与，教員定数および学級編制基準といった教育資源の水準決定は，いかに行われてきたのだろうか。公務員給与の規定要因をめぐっては，公務員給与の水準と政府間財政移転および組合の影響力との関わりを検証したFeiveson (2015)，職員組合と市町村の給与削減努力との関係を検証した石田（2015），組合と給与水準との関わりを検証したHayashi and Nishikawa（2017）等がある。しかし，いずれも教育公務員は分析対象とはなっていない。田中（2019）は，教育公務員の給与水準をめぐる教職員組合の影響力について実証分析しているが，2017年4月に実施された道府県から政令指定都市への権限移譲が教員給与に与えた影響については検証されていない。また，教職員定数ならびに学級編制基準の権限移譲の影響を検証した実証分析は，筆者の知る限りない[1)]。

教育の機会均等を達成すべく，等量等質のサービスの提供を目指してきた教育行財政制度は，地方自治体の意向を汲む形で，多種多様な運用が図られる方向へ転換してきている。従前に比べれば，教育資源の決定をめぐる裁量を発揮しうるようになった現状の公教育サービスの提供体制は，地方がその運用により責任を負う色彩が強まったと解釈できる。教員定数ならびに学級編制基準に関していえば，政令市の裁量が強まったことで，政令市とそれ以外の市において，定数および学級編制基準の格差が生じやすくなったと推測される。

本章では，以上のような問題意識に立ち，2017年4月に実施された道府県から政令市への教職員や学級編制基準に係る事務・権限の移譲が教育資源の決定，具体的には小学校低学年の学級規模（学級当たりの児童数）に与えた影響の有無を，都市別パネルデータを用いたDID回帰分析により検証する。

本章の構成は，以下のとおりである。第2節では，2017年度に実施された政令指定都市への教育権限の移譲の概要について説明する。第3節では，学級編制基準の決定権をめぐる権限移譲が，少人数学級化に与えた影響について，政令指定都市を処置群とするDID推定によって検証する。第4節では，本章の結論を要約のうえ，残された課題を指摘する。

1）　クラスサイズが児童生徒の教育達成に与える影響については，海外の実証分析をメタ分析したOpatrny et al.（2023）が，クラスサイズの縮小による教育達成への効果は所得階層により異なるものの，ほぼゼロに近いことを述べている他，Hojo and Oshio（2012），Ito, Nakamuro and Yamaguchi（2020）でも，その効果は大きくないことが示されている。一方，Hojo and Senoh（2019）では，経済環境の悪い家計の児童生徒については，一定の学力向上効果があることが示されている。また，北條（2023）では，特定の時点だけを捉えてクラスサイズが学力に与える効果を検証することに疑問を呈し，その長期的な効果に着目すべきとしている。一般的に，クラスサイズの縮小は，教育の質向上につながるという実感は持たれているものの，効果がある，効果がないという両方の実証分析結果が報告されており，学術的なコンセンサスは得られていない状況といえる。

2. 都道府県から政令指定都市への教育権限の移譲の概要

本節では，2017 年 4 月に実施された都道府県から政令指定都市への教育権限の移譲の概要について，過去の法律および制度改正の沿革にも触れつつ説明していく。

2016 年 6 月に成立した「第 4 次地方分権一括法」において，県費負担教職員制度のもとで都道府県が有していた小中学校をめぐる教育権限が，政令指定都市に移譲されることが盛り込まれ，2017 年 4 月より実施された。これ以降，小中学校の教職員給与の負担は，都道府県から政令市に移譲されるとともに，教職員定数ならびに学級編制基準の決定権が，都道府県から政令市へと移譲された。もともと，2001 年 4 月の「義務標準法」の改正により，教職員定数ならびに学級編制基準の決定権は，国から都道府県教育委員会に移譲され[2)]，また，2004 年 4 月の「教育公務員特例法」の改正により，公立学校の教員の給与は，国立学校教員の給与に準拠（国立学校準拠制）する方式から，都道府県ならびに政令指定都市の教育委員会が条例により定める方式へと改められていた。2017 年度の政令市への教育権限の移譲は，国から主として都道府県に移譲されていた権限を，政令市に再移譲することを意図するものであったといえる。

これにより，政令市限りではあるものの，県費負担教職員制度のもとで，公立小中学校の教職員の任免権者である市町村と給与負担者である都道府県とが異なるねじれ状態が解消され，教職員人事の円滑な施行が期待されることとなった。さらに，教員定数および学級編制基準の決定権が道府県から移譲されたことで，財源の手当てにめどさえたてば，政令市の教育委員会が自ら加配定数の数や内容を決定できるようになるため，より適切な教職員配置の実現に結びつくことも見込まれている。

2）「義務標準法」において，従来定められていた学級編制の「基準」が「標準」に改められ，都道府県は国の「標準」を参考に自ら学級編制の「基準」を定めることができるようになった。2017 年 4 月より，政令指定都市においては，都道府県と同様に，国の「標準」を参考としつつも自ら学級編制の「基準」を定め，加配定数の数や内容を自律的に決定できるようになった。なお，2021 年 3 月成立した「改正義務標準法」により，小学校においては，2021 年 4 月より段階的に全学年において 35 人学級化が進められる（学級編制の標準を 35 人とすることが法律に明記される）こととなった。

このように，2017年度の道府県からの教育権限の移譲は，教育行政をめぐる政令指定都市の自律性を高めることが期待されているが，法律改正が想定する効果が実際に確認されるかどうかは，計量的な検証を待たねばならない。この点を明らかにすべく，次節では移譲された教育権限のうち学級編制権の決定に注目し，政令市への権限移譲の効果について，都市別パネルデータを用いて，実証分析する。

3. 実証分析

本節では，政令指定都市への教職員に係る事務・権限の移譲が教育資源の決定に影響を与えたかを，学級規模（学級当たりの児童数）への影響を中心に実証分析する。3.1項では，実証分析に用いるモデルの定式化を行う。3.2項では，データについて説明する。3.3項では，推定結果を解釈し，そこから導かれる政策的含意について述べる。

3.1. 推定モデルの特定化

本節では，義務教育に係る学級編制基準の決定が，2017年4月の権限移譲から影響を受けたかどうかを，DID推定によって検証する。具体的には，以下のような固定効果モデルをもとに，都市別パネルデータを用いて，権限移譲が教育資源の決定に与えた影響を実証分析する。

$$
\begin{aligned}
y_{it} = {} & \alpha_0 + \mu_i + \phi_t + \beta d_i d_t + \\
& \gamma_1 \ln x_{it}^1 + \gamma_2 x_{it}^2 + \gamma_3 x_{it}^3 + \gamma_4 x_{it}^4 + \gamma_5 x_{it}^5 + \gamma_6 x_{it}^6 + \varepsilon_{it}
\end{aligned}
\tag{1}
$$

ここで，i（＝1～814）は市を，t（＝2011～2019）は年度を表す。y_{it}は教育資源に関する変数であり，小学校の学級当たりの児童数（単式学級）を表す。d_iは政令指定都市を1，それ以外を0とする処置群ダミー変数であり，d_tは権限移譲の実施年度である2017～2019年度を1，権限移譲実施前年度までである2011～2016年度を0とする期間ダミー変数である。x_{it}は教育資源に影響を与えるその他の要因であり，具体的には学年別の出生数，児童人口対前年変化率，非正規教員対正規教員比率，当該都市の財政力指数，経常収支比率および実質公債費比率を想定している。μ_i は個体効果，ϕ_t は時間効果，ε_{it} は不均一分散を仮定した誤差項であり，$\varepsilon_{it} \sim iid(0, \sigma^2_{\varepsilon_i})$ を満たすものとする。道府県から政令市への権限移譲が教育資源に影響を与えたならば，処置群への処置効果（DID推定量）を示す β は統計的に有意となると予想される。

3.2. データ

（1）式の推定は，2011～2019 年度の 814 都市別パネルデータを用いて行う。以下，推定に用いたデータについて述べていこう。被説明変数である小学校の 1 学級当たりの児童数については，文部科学省生涯学習政策局「学校基本調査」にある都市別学級編制方式別児童生徒数を，同資料にある都市別編成方式別の学級数で除することで求めた[3]。なお，既存の学年については，学級編制基準の決定権が政令指定都市に移譲されて後，直ちに学級規模を変更することは難しいと考えるため，分析では第 1 学年および第 2 学年の学級当たりの児童生徒数を用いることにした。

説明変数である学年別の出生数については，厚生労働省人口動態・保健社会統計室「人口動態統計」にある出生数を用いた。被説明変数の該当学齢児童が生まれた年度の出生数を用いることで，各世代の人口による影響をコントロールしている[4]。説明変数にある児童数対前年変化率については，総務省自治行政局「住民基本台帳に基づく人口，人口動態及び世帯数調査」にある年齢階級別人口（5～9 歳）を用いた。説明変数にある非正規教員対正規教員比率については，前述「学校基本調査」にある都市別職名別教員者数をもとに，講師数（本兼務者）を教諭（本兼務者）で除することで求めた。説明変数にある財政力指数，経常収支比率，実質公債費比率については，いずれも総務省自治財政局「市町村決算状況調」にある都市別の値を用いた。なお，各変数の原系列の記述統計については，図表 5-1 を参照されたい。

3） へき地に立地する小中学校においては，複式学級が採用されている可能性が高く，その影響を排除するため，本章では，児童数および学級数ともに，単式学級の値を用いることにした。

4） 2019 年度の小学校 1 年生の学級当たりの児童数は 2012 年度の出生数で，小学校 2 年生の学級当たりの児童数は 2011 年度の出生数で，それぞれ回帰している。

図表5-1　記述統計

変数名	平均	標準偏差	最大	最小
第1学年学級当たり児童数（人）	28.046	1.284	30.473	24.992
第1学年学級当たり児童数（人）	24.042	4.476	35	6
第2学年学級当たり児童数（人）	28.218	1.395	32.304	24.720
第2学年学級当たり児童数（人）	24.484	4.260	38	6
第1学年出生数（人）	11,827	6,444	32,571	5,428
第1学年出生数（人）	948	1,034	7,435	12
第2学年出生数（人）	11,867	6,460	32,835	5,596
第2学年出生数（人）	957	1,037	7,289	13
児童人口変化率	−0.306	0.993	2.467	−2.780
児童人口変化率	−1.422	2.382	22.545	−44.115
非正規教員対正規教員比率	14.055	7.821	37.642	0
非正規教員対正規教員比率	15.631	9.735	61.904	0
財政力指数	0.856	0.010	1.040	0.660
財政力指数	0.627	0.240	1.560	0.100
経常収支比率	95.677	3.581	102.500	87.400
経常収支比率	90.714	5.289	128.400	64.000
実質公債費比率	9.795	3.974	20.500	2.100
実質公債費比率	8.380	5.226	76.800	−6.400

注：各項目の上段が権限移譲の処置群，下段が権限移譲の参照群。

3.3. 推定結果

ここでは，(1) 式を回帰分析することで得られた推定結果を示し，その結果について解釈を行う。DIDパネル回帰分析にあたり，平行トレンドの仮定が満たされている必要がある。図表5-2および図表5-3は，学級編制基準の決定権に関する権限移譲の有無によって分けた処置群と参照群それぞれについての小学校1年生および2年生の1学級当たりの児童数の平均値を比較したものである。これより，学級編制基準をめぐる政令指定都市への権限移譲の実施前に，平行トレンドが成立していることが確認される。これにより，本章では，DIDパネル分析の仮定が満たされていると判断し，以下，分析を進めることにする。

(1) 式の推定にあたっては，F検定によるpooled modelかfixed effects modelかの選択，Hausman検定によるfixed effects modelかrandom effects modelかの選択，Breusch-Pagan検定によるpooled modelかrandom effects modelかの選択を行い，採択されたfixed effects modelのみの結果が報告され

図表 5-2　小学校 1 年生 1 学級当たりの児童数の平均値
（処置群は権限移譲あり，参照群は権限移譲なし）

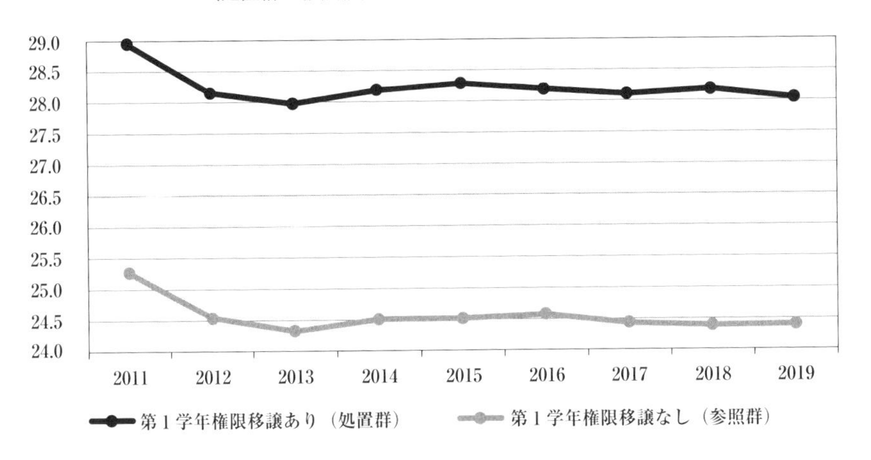

図表 5-3　小学校 2 年生 1 学級当たりの児童数の平均値
（処置群は権限移譲あり，参照群は権限移譲なし）

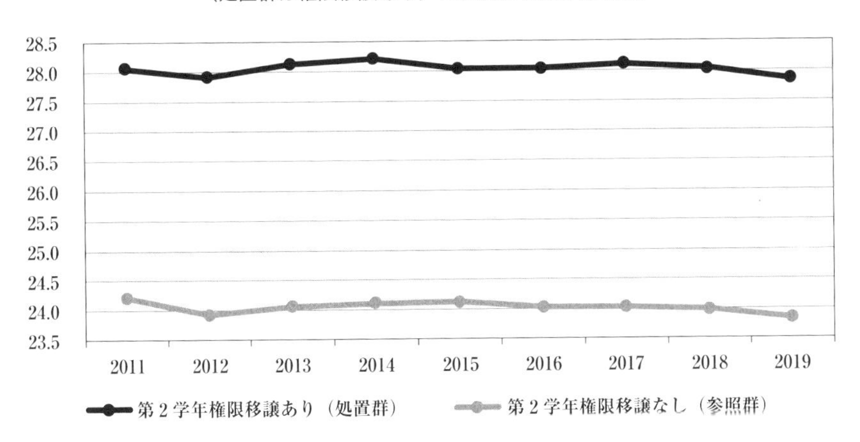

ている。なお，本章では，サンプル期間中における少子化の進行を考慮し，個体効果および時間効果の両方を含む two-way error components model での推定が妥当であると判断した。

（1）式をパネル分析した結果が，図表 5-4 に示されている。図表にある（a）は小学校 1 年生の 1 学級当たりの児童数を，（b）は小学校 2 年生の 1 学級当た

図表 5-4　小学校の推定結果

パラメータ（変数名）	(a)	(b)
α_0（定数項）	2.908* (1.769)	6.999*** (1.919)
β（権限移譲の処置効果）	0.004 (0.052)	−0.123** (0.062)
γ_1（学年別出生数（対数））	2.923*** (0.277)	2.582*** (0.296)
γ_2（児童数対前年変化率）	0.024 (0.015)	0.036*** (0.012)
γ_3（非正規教員対正規教員比率）	−0.020*** (0.003)	−0.010*** (0.004)
γ_4（財政力指数）	0.480 (0.464)	0.670 (0.962)
γ_5（経常収支比率）	0.022 (0.011)	0.006 (0.012)
γ_6（実質公債費比率）	0.032* (0.018)	0.003 (0.031)
F 値	34.239*** (0.000)	27.336*** (0.000)
Hausman	244.564***〈7〉 (0.000)	183.514***〈7〉 (0.000)
Breusch-Pagan	16144.82*** (0.000)	16943.28*** (0.000)
$AdjR^2$	0.915	0.892
サンプルサイズ	7,326	7,326

注 1）推定結果は，モデルの定式化の誤りに対する検定の結果採択された fixed effects model の推定値である。また，簡略化のため，個体効果および時間効果の値は省略している。

注 2）*** は両側 1% の有意水準，** は両側 5% の有意水準，* は両側 10% の有意水準であることを示す。

注 3）パラメータ内の括弧は White の標準誤差を示し，$AdjR^2$ は自由度修正済みの決定係数を示す。また，F 値，Hausman, Breusch-Pagan の括弧は p-value を示し，Hausman の〈 〉の数字は自由度を示す。

りの児童数を，それぞれ説明変数で回帰した結果を示す。

係数の統計的有意性および符号条件について，検討していくことにしよう。権限移譲の処置効果を示すβは，(a) の結果では統計的に有意ではない一方，(b) の結果ではマイナスで統計的に有意となっており，小学校２年生を対象とする分析においては，政令指定都市を処置群とする少人数学級化（1学級当たりの児童数縮小）の処置効果が確認される結果となった。

その他の変数について，係数の統計的有意性および符号条件について，確認しておこう。学年別出生数については，(a)(b) ともにプラスで有意と，符号条件を満たす結果となっている。児童数対前年変化率については，(a) はプラスで符号条件を満たすものの有意でない一方，(b) はプラスで有意と，符号条件を満たす結果となっている。非正規教員対正規教員比率については，(a)(b) ともにマイナスで有意となっており，学級規模の縮小にあたり，多くの都市において，非正規教員の活用が進んだ実態に即した結果となっている。財政力指数，経常収支比率，実質公債費比率については，一部符号条件を満たすものの，(a)(b) ともに統計的に有意な結果が得られていない。

権限移譲の処置効果において，小学校１年生と２年生とに結果の違いが生じた理由としては，義務標準法の改正により，2011年度より小学校１年生の35人学級化が，全国一律で実現したことがあるのではないかと考えられる。他学年に先駆けて少人数学級化が進められていた小学校１年生については，2017年度からの権限移譲以前にも少人数学級化が全国的に定着していた結果，権限移譲の効果は軽微であったと考えられる。一方，小学校２年生においては，学級編制をめぐる政令指定都市への権限移譲は，少人数学級化を通じた地域の事情に沿った公教育サービスの提供に，一定程度貢献したものと評価できよう。

4. おわりに

本章では，2017年４月に実施された政令指定都市への教職員に係る事務・権限の移譲が教育資源の決定に影響を与えたかを，学級規模（学級当たりの児童数）への影響を中心に実証分析した。具体的には，小学校の第１学年および第２学年の学級当たりの児童数（単式学級）を被説明変数とするDID推定によって，道府県から政令指定都市への権限移譲の効果の有無を検証した。

実証分析の結果，小学校1年生の学級編制においては，権限移譲に伴う有意な処置効果が確認できなかったものの，小学校2年生の学級編制においては，権限移譲に伴う有意な処置効果が確認された。本章の分析結果に基づく限り，2017年度に実施された道府県から政令指定都市への学級編制基準の決定権の権限移譲は，小学校2年生の学級編制において，少人数学級化を通じた地域の事情に沿った公的教育サービスの提供に，一定程度貢献したものと評価できよう。

最後に，本章に残された課題について，2点指摘しておきたい。第1に共変量の増加によって推定の頑強性を高めることである。小学校を対象とする本章の推定においては，βは統計的に有意となっていることから，道府県から政令指定都市への権限移譲が教育資源に影響を与えたと結論付けられる。しかしながら，説明変数の数が十分とはいえず，公立小学校の児童数に影響すると思われる国立および私立小学校の存在や入学状況が考慮されていない。それらを含めた学級規模に影響を与えうる共変量を増加させることで，推定の頑強性を高めることが必要である。

第2に実証分析の対象拡大についてである。2017年度の権限移譲では，本章が対象とした小学校に加え，中学校についても政令指定都市への教職員に係る事務・権限の移譲が実施された。小学校において確認された権限移譲の処置効果が，中学校においても確認されるのかを分析する必要がある。加えて，権限移譲の対象となった政令指定都市の給与負担をめぐる処置効果の有無も分析されていない。データの制約に伴う困難は予想されるものの，学級編制基準の決定権以外の権限移譲項目についても，処置効果の有無を検証する必要がある。

第6章　学校運営改善が地域連携教育の推進に与える影響
——国公立小中学校カテゴリカルデータを用いた実証分析——

1. はじめに

学校・保護者・地域が連携・協働して，特色ある学校づくりを目指す仕組みは，2000年4月に「学校評議員制度」として立ち上がり，2004年9月からは，教育委員会の関与のもと，3者の連携・協働をより推進すべく，保護者および地域が一定の権限と責任のもとに，学校運営に参画することを法的に担保した「学校運営協議会制度」へと引き継がれた。学校運営協議会は「コミュニティ・スクール」の名称で，2005年8月時点で，公立小中学校32校が指定されて以降，制度の円滑かつ効果的な普及に向けた文部科学省の取り組みによって指定校数は漸増し，2017年に「地方教育行政の組織及び運営に関する法律」(以下「地教行法」) が一部改正され，教育委員会に学校運営協議会の設置の努力義務が課せられたことも相まって，2021年5月1日現在，その数は全国で10,485校に上っている。

しかしながら，現状においては，その設置割合に地域差があり，あまねく全国に普及しているとは言い難い状況にある。地域社会の連帯が薄れている都会に比べて，PTA活動や町内会が一定程度機能している地方においては，学校支援という観点だけをみれば，2017年の法律改正により必置が努力義務化されるまでは，コミュニティ・スクール化に向かう誘因は高くなかったと類推される。加えて，支援とともに，運営への評価という性格を有する学校運営協議会について，協議会メンバー間の調整および説得の任を負う校長の立場に立てば，学校運営の基本方針が確立し，学校を取り巻く利害関係者との方針の共有に自信がなければ，コミュニティ・スクール化に踏み切る決断が下しづらいと予想される。

学校組織を「教員の個別的裁量性を軸とした個業型組織」とみなす佐古（2005）の見解に立てば，学校全体の課題や方針について，教員間ですら認識の共有が図られにくい組織風土がある学校において，保護者や地域社会と共有しうる学校の基本方針やビジョンが構築できているかをめぐっては，学校間での開きが大きいのではないかと推測される。岩永（2011）は，学校運営協議会制度は，保護者や住民に説明責任を果たす「説明責任型コミュニティ・スクール」を理念型として目指しつつも，その実際は，保護者や地域社会からの支援を引き出す「学校支援型コミュニティ・スクール」にとどまっており，学校の優越，保護者・地域の従属という関係性は継続したままであるとしている。

2017年の「地教行法」の改正に伴い，地域と学校との協働推進の柱であった「地域学校協働本部」との連携が深まったことも手伝って，コミュニティ・スクールは地域による学校支援組織としての性格を強めていく可能性は高い。学校運営協議会および類似運営組織による学校支援と学校参画の実効性を高めるためには，外形的な制度を整えることに加え，受け皿となる学校の内在的な体制整備が必要不可欠ではないだろうか。

本章では，以上のような問題意識に立ち，小中学校における学校運営協議会を含む地域と学校の協働活動（地域連携教育）の推進が，学校運営改善（教員協働による組織的教育，「全国学調」の成果検証・改善への取り組み，教職員の職能形成，教科横断的カリキュラム・マネジメントの構築）からどの程度影響を受けているかを，文部科学省が実施する「全国学力・学習状況調査」（以下「全国学調」）の本体調査個票データの学校ローデータを用いて実証分析する[1)]。とりわけ，学校の基本的な運営方針やビジョンを教員間で共有できている学校ほど，学校運営協議会の設置が進みやすいという仮説の検証に力点を置く。

1）Management Practices が経営の成果に与える影響を検証した実証分析は，Bloom and Van Reenen（2007）に端を発し，民間製造・非製造業を対象とする分析から，医療（Bloom et al.（2015a）），運送（Kawasaki et al.（2023）），学校教育等（Dobby and Fryer（2013），Bloom et al.（2015b））のサービス業を対象とする分析へと対象を拡張していった。日本の国公立学校を対象に，Management Practices と教育達成や本章が分析対象とする地域連携教育の影響を検証した実証分析は，現状，データの不足も相まって，筆者の知る限り皆無である。

本章の構成は，以下のとおりである。第2節では，学校運営協議会を含む地域学校協働活動について概観する。第3節では，地域連携教育が学校運営改善からどの程度影響を受けているかを，国公立小中学校ローデータをもとに実証分析する。第4節では，本章の結論を要約のうえ，残された課題を指摘する。

2. 学校と地域との連携・協働活動――地域連携教育

学校―保護者―地域が連携・協働して，地域に開かれた特色ある学校づくりを目指す制度的枠組みとしては，学校運営協議会（コミュニティ・スクール）と地域学校協働本部の2本柱がある。学校運営協議会は，「地教行法」第47条の5を，地域学校協働本部は，「社会教育法」（以下「社教法」）第5条の2を，それぞれ設立の法的根拠とする組織である。

学校運営協議会は，「地教行法」で認められた「承認」「運営意見」「任用意見」の3つの法定権限をもとに，校長の作成する学校運営の基本方針を承認すること（必須）に加え，学校運営について，教育委員会または校長に意見を出すこと（任意）ができ，また，教職員の任用に関して，教育委員会に意見を出すこと（任意）ができる。運営協議会は，学校関係者（校長，教頭，教員等）のみならず，学校関係者以外の者が，学校運営に参画する法的根拠を持った合議制の機関であり，協議会メンバーが等しく学校運営に対する権限と責任を有しているとの自覚のもと，連携・協働の実をあげられれば，特色あるより良い学校運営を，主体的かつ積極的に推進する母体となりうる。

地域学校協働本部は，前身の学校支援本部を発展・拡充させる形で2016年に設立された組織であり，「地域住民，学生，保護者，NPO，民間企業，団体・機関等の幅広い地域住民等の参画を得て，地域全体で子どもたちの学びや成長を支えるとともに，「学校を核とした地域づくり」を目指して，学校と地域が相互にパートナーとして連携・協働して行う様々な活動」（文部科学省（2020））を推進するための母体組織と位置付けられている。具体的には登下校の見守り，花壇整備，郷土学習，放課後子ども教室，ボランティア体験活動，職場体験活動等を，地域住民が任意で支援する形式で進められているが，2017年の「社教法」改正時に追加規定された「地域学校協働活動推進員」と呼ばれるリンクワーカーが地域と学校との媒介役となって，活動の実効性を高める仕組みが整えられている。

2017年の「地教行法」の改正により，学校運営協議会の機能が追加され，運営のみならず，運営への必要な支援に関しても協議する機関となったこと，加えて協議会の委員に「地域学校協働活動推進員」を参画させることができるようになったことで，地域社会からの支援を期待する学校側にとっても，学校運営協議会設置のメリットが拡大したと判断される。しかしながら，一体性が高まった学校運営協議会と地域学校協働本部の導入には，依然として，教育委員会間，学校間で温度差がみられるのが実情である。「承認」「運営意見」「任用意見」という法定3権限規定をめぐる学校現場での制度受容の実際は，校長の自己評価が影響しているとの指摘（佐藤（2017））もあることから，学校の内在的な体制整備の程度が，地域連携教育の推進に影響を与えている可能性は高い。次節では，この点に着目し，学校の運営改善が教育現場における地域連携教育の推進にどの程度影響を与えているかを，国公立小中学校のローデータを用いて，実証分析する。

3. 実証分析

本章では，小中学校における学校運営改善への取り組みが，地域連携教育に与える影響を，国公立小中学校別パネルデータを用いて検証する。3.1項では，実証分析に用いるモデルの定式化を行う。3.2項では，データについて説明する。3.3項では，推定結果を解釈し，そこから導かれる政策的含意について述べる。

3.1. 推定モデルの特定化

本節では，小中学校における地域連携教育の推進が，学校運営（教員協働による組織的教育，「全国学調」の成果検証・改善への取り組み，教職員の職能形成，教科横断的カリキュラム・マネジメントの構築）からどの程度影響を受けているかを，実証的手法を用いて検証する。具体的には，以下のような固定効果モデルをもとに，2015～2019年度の「全国学調」の本体調査個票データの学校ローデータを用いて，学校の運営改善が地域連携教育に与えた影響を実証分析する[2)]。

$$y_{it}=\alpha_0+\mu_i+\psi_t+\sum_{q=1}^{4}\beta_q mps_{it}^q+\sum_{k=1}^{9}\gamma_k x_{it}^k+\varepsilon_{it} \qquad (1)$$

ここで，y_{it} は学校毎の「全国学調」の地域連携教育への取り組み（地域連携教育による保護者・地域との協働実践の程度を 4 段階で評価したもの）を表す。mps_{it} は学校運営改善の程度を示す Management Practices の値であり，「全国学調」の学校質問紙にある段階的な選択肢への回答を，①教員協働による組織的教育，②「全国学調」の成果検証・改善への取り組み，③教職員の職能形成，④教科横断的カリキュラム・マネジメントの構築の 4 つの項目毎に集計してスコア化したものである。x_{it} は地域連携教育に影響を与えうる学校の属性に関する変数であり，家庭学習への教員間の共通理解の醸成，家庭学習方法の児童生徒への提示，児童生徒の授業態度，保護者・地域住民による学校への協力実績，児童生徒対教員比率，学校規模，学校形態および就学援助を受けている児童生徒の比率等を表す。μ_i は個体効果，ψ_t は時間効果，ε_{it} はクラスター内での不均一分散を仮定した誤差項であり，$\varepsilon_{it}\sim iid(0,\sigma_{\varepsilon_i}^2)$ を満たす。β が統計的に有意ならば，学校運営改善は地域連携教育に影響を与えていると解釈される。なお，地域連携教育への取り組み，Management Practices 指標，家庭学習への教員間の共通理解，家庭学習方法の児童生徒への提示，児童生徒の授業態度，保護者・地域住民による学校への協力実績および就学援助を受けている児童生徒の比率については，序数の和あるいは序数として変数化されていることを考慮し，いずれも平均を 0，標準偏差が 1 となるよう標準化した値を用いている。

3.2. データ

（1）式の推定は，2015～2019 年度の国公立小中学校別パネルデータを用いて行う。以下推定に用いたデータについて述べていこう。

2） Edmonds（1986）は，児童生徒の教育達成に卓越性を発揮しうる教育機関（学校）を，「効果のある学校（Effective Schools）」と呼び，それらは，①校長のリーダーシップ，②教員集団の意思一致，③学習環境，④教員の姿勢，⑤学力測定とその活用，の 5 つの特徴を有すると論じた。本章では，Edmonds（1986）の理論的知見も踏まえつつ，学校運営改善に関する項目を中心に，「全国学調」の学校質問紙から継続してデータが入手可能な項目を抜粋して，変数化を行っている。

被説明変数である学校毎の地域連携教育への取り組みは，文部科学省より貸与を受けた「全国学調」の中で実施されている学校への質問紙への回答（4段階）を，各学校が保護者や地域住民との協働による活動を行った程度を示すものと解釈して用いた。

説明変数である学校運営改善（Management Practices: 以下MPS）の指標については，「全国学調」の中で実施される学校への質問紙の回答（3段階あるいは4段階別の回答）を学校単位で集計し，学校運営改善の程度をスコア化した。具体的には，本章末に示した質問項目に関する回答を，①教員協働による組織的教育，②「全国学調」の成果検証・改善への取り組み，③教職員の職能形成，④教科横断的カリキュラム・マネジメントの構築の4つのカテゴリーに整理集約し，カテゴリー毎のスコアを集計した。

説明変数にある家庭学習への教員間の共通理解の醸成，家庭学習方法の児童生徒への提示，児童生徒の授業態度，保護者・地域住民による学校への協力実績についても，MPS指標に類似した方法にて，本章末に示した質問項目に関して，「全国学調」の学校への質問紙の回答（4段階）を変数として用いた。学校形態については，義務教育学校を1とするダミー変数を，学校規模については，小学校については単式2学級，単式3学級以上を1とするダミー変数を，中学校については単式4～5学級，単式6学級以上を1とするダミー変数を，児童生徒対教員比率については，「全国学調」の調査対象である学年の児童生徒数を全教員数で除することで求めた。就学援助を受けている児童生徒の比率については，学校への質問紙で回答されている段階別の値を6段階（就学援助率の割合が高いもののスコアが段階的に上がる）に序数化した変数を用いることにした[3]。なお，3段階と4段階の回答が混在するMPS指標，多段階で序数回答となっている地域連携教育への取り組み，家庭学習，授業態度，学校への協力活動および就学援助を受けている児童生徒の比率については，いずれも平均を0，標準偏差が1となるよう標準化した値を用いている。各変数の原系列の記述統計については，図表6-1および図表6-2を参照されたい。

3）2015，2016年度については6段階の選択肢からの回答，2017年度については実数での回答，2018年度は9段階の選択肢からの回答であったものを，6段階の選択肢からの回答に統一した。

図表 6-1　記述統計（小学校）

変数名	平均	標準偏差	最大	最小
y_{it}（地域連携教育への取り組み）	0.829	0.376	1	0
mps^1_{it} MPS（教員協働による組織的教育）	4.967	0.927	6	0
mps^2_{it} MPS（「全国学調」の成果検証・改善の取り組み）	6.961	1.372	9	2
mps^3_{it} MPS（教職員の職能形成）	10.060	1.635	12	3
mps^4_{it} MPS（教科横断的カリキュラム・マネジメント）	4.613	1.085	6	0
x^1_{it} 家庭学習への教員間の共通理解の醸成	2.348	0.662	3	0
x^2_{it} 家庭学習方法の児童への提示	2.345	0.612	3	0
x^3_{it} 児童の授業態度	2.273	0.661	3	0
x^4_{it} 保護者・地域住民による学校への協力実績	2.627	0.523	3	0
x^5_{it} 対象学年児童対教員比率	10.607	4.816	128	0.333
x^9_{it} 就学援助を受けている児童比率	2.464	1.466	6	0

図表 6-2　記述統計（中学校）

変数名	平均	標準偏差	最大	最小
y_{it}（地域連携教育への取り組み）	0.702	0.457	1	0
mps^1_{it} MPS（教員協働による組織的教育）	4.784	0.995	6	1
mps^2_{it} MPS（「全国学調」の成果検証・改善の取り組み）	6.714	1.415	9	2
mps^3_{it} MPS（教職員の職能形成）	9.294	1.860	12	1
mps^4_{it} MPS（教科横断的カリキュラム・マネジメント）	4.334	1.174	6	0
x^1_{it} 家庭教育との連携	2.167	0.708	3	0
x^2_{it} 家庭学習方法の生徒への提示	2.210	0.628	3	0
x^3_{it} 生徒の授業態度	2.470	0.613	3	0
x^4_{it} 保護者・地域住民による学校への協力実績	2.439	0.612	3	0
x^5_{it} 対象学年生徒対教員比率	4.079	1.707	86.667	0.071
x^9_{it} 就学援助を受けている生徒比率	2.829	1.298	6	0

3.3. 推定結果

ここでは，(1) 式を回帰分析することで得られた推定結果を示し，その結果について解釈を行う。小中学校による地域連携教育への取り組みを被説明変数に，(1) 式をパネル分析した結果が，図表 6-3 に示されている。図表の (a) は小学校をサンプルとする推定結果を，(b) は中学校をサンプルとする推定結果を表している。(1) 式の推定にあたっては，Sargan-Hansen 検定による fixed effects model か random effects model かの選択，Breusch-Pagan 検定による pooled model か random effects model かの選択を行い，採択された fixed

図表 6-3　固定効果モデルによる推定結果

パラメータ（変数名）	(a) 小学校	(b) 中学校
β_1（MPS—教員協働による組織的教育）	0.022*** (0.005)	0.023*** (0.006)
β_2（MPS—「全国学調」の検証・改善）	0.042*** (0.004)	0.029*** (0.006)
β_3（MPS—教職員の職能形成）	0.038*** (0.005)	0.057*** (0.007)
β_4（MPS—カリキュラム・マネジメント）	0.044*** (0.005)	0.018*** (0.007)
γ_1（家庭学習への教員間の共通理解の醸成）	0.016*** (0.004)	0.029*** (0.005)
γ_2（家庭学習方法の児童生徒への提示）	0.009** (0.004)	0.008 (0.006)
γ_3（児童生徒の授業態度）	0.003 (0.004)	−0.004 (0.005)
γ_4（保護者・地域住民による学校への協力実績）	0.263*** (0.004)	0.263*** (0.006)
γ_5（児童生徒対教員比率）	−0.009 (0.006)	−0.010* (0.005)
γ_6（学校規模—単式2学級）	−0.004 (0.014)	0.001 (0.019)
γ_7（学校規模—単式3学級以上）	−0.004 (0.019)	0.007 (0.027)
γ_8（学校形態—義務教育学校）	0.325*** (0.098)	0.229*** (0.091)
γ_9（就学援助を受けている生徒比率）	−0.002 (0.005)	−0.014* (0.007)
Sargan-Hansen	870.43***〈13〉 (0.000)	668.76***〈13〉 (0.000)
Breusch-Pagan	7043.74*** (0.000)	4514.86*** (0.000)
$AdjR^2$	0.169	0.157
サンプルサイズ	85,790	42,310

注1）　推定結果は，モデルの定式化の誤りに対する検定の結果採択された fixed effects model の推定値である。また，簡略化のため，定数項，個体効果および時間効果の値は省略している。
注2）　*** は両側1% の有意水準，** は両側5% の有意水準，* は両側10% の有意水準であることを示す。
注3）　パラメータ内の括弧はクラスターロバストな標準誤差を，Sargan-Hansen, Breusch-Pagan の括弧は p-value を，Sargan-Hansen の〈 〉の数字は自由度を示す。

effects model のみの結果が報告されている。なお，本章では，サンプル期間を通じて少子化が進行してきた点を踏まえて，個体効果および時間効果の両方を含む two-way error components model での推定が妥当であると判断した。

モデルの特定化に対する検定結果を踏まえ，以下では係数の統計的有意性および符号条件について検討していくことにしよう。学校運営改善が小中学校による地域連携教育への取り組みに与える影響を示す $\beta_1, \beta_2, \beta_3, \beta_4$ は，小中学校ともに，いずれもプラスで符号条件を満たし，かつ統計的に有意となっている。これより，学校運営改善が進んでいる学校ほど，学校運営協議会を含む地域と学校の協働活動（地域連携教育）の取り組みが盛んであると解釈される。

学校運営改善以外の変数に関しては，家庭学習への教員間の共通理解の醸成を示す γ_1，保護者・地域住民による学校への協力実績を示す γ_4 は，小中学校ともに，いずれもプラスで符号条件を満たし，かつ統計的に有意となっている。一方，中学校の家庭学習方法の生徒への提示を示す γ_2，小中学校の児童生徒の授業態度を示す γ_3，小学校の児童対教員比率を示す γ_5，小中学校の学校規模を示す γ_6, γ_7 は，いずれも統計的に有意となっていない。就学援助を受けている児童生徒比率を示す γ_9 は，小中学校ともにマイナスで符号条件を満たすものの，中学校のみで統計的に有意となっている。学校形態として義務教育学校を採用する小中学校においては，γ_5 がプラスで有意であることから，義務教育学校採用校では，学校運営協議会を含む地域と学校の協働活動の推進が進んでいると解釈される。

統計的に有意となった係数の大小関係を比較してみると，学校の運営改善が地域連携教育に与える影響は，小学校においては教科横断的カリキュラム・マネジメントが最も大きく，「全国学調」の成果検証・改善の取り組みがそれに次いで大きくなっている。一方，中学校においては教職員の職能形成が最も大きく，「全国学調」の成果検証・改善の取り組みがそれに次いで大きくなっている。加えて，学校運営改善以外の変数に関しては，小中学校ともに保護者・地域住民による学校への協力実績が抜きん出て大きく，家庭学習の教員間の共通理解の醸成も，中学校においては学校運営改善の影響にほぼ匹敵する大きさとなっていることがわかる。

以上の推定結果を踏まえると，学校が地域連携教育に取り組むか否かは，家庭学習との連携や保護者や地域住民による学校への協力の下地（地域のソーシャル・キャピタル）があることが作用していると考えられる。その一方で，学校運営改善が地域連携教育の推進に影響を与えており，小学校においては教科横断的カリキュラム・マネジメントの構築の影響が，中学校においては教職員の職能形成の影響が，学校運営改善要因の中でも相対的に大きいことがわかる。学校運営協議会や地域学校協働本部の設置による学校支援と学校参画の実効性を高めるためには，外形的な制度を整えることに加え，受け皿となる学校の内在的な体制整備が重要であることを，本章の実証分析の結果は示唆するものと解釈できよう。

4. おわりに

本章では，小中学校における学校運営協議会を含む地域と学校の協働活動（地域連携教育）の推進が，学校運営改善（教員協働による組織的教育，「全国学調」の成果検証・改善への取り組み，教職員の職能形成，教科横断的カリキュラム・マネジメントの構築）からどの程度影響を受けているかを，文部科学省が実施する「全国学調」の本体調査個票データの学校ローデータ（2015～2019年度）を用いて，パネル分析をもとに実証分析した。とりわけ，学校の基本的な運営方針やビジョンを教員間で共有できている学校ほど，学校運営協議会の設置が進みやすいという仮説の検証に力点を置いた。

実証分析の結果，小中学校ともに学校運営改善が進んでいる学校ほど，学校運営協議会を含む地域と学校の協働活動（地域連携教育）の取り組みが盛んであることが確認され，係数の大小で評価した学校が地域連携教育に取り組むことへの影響は，小学校においては教科横断的カリキュラム・マネジメントが，中学校においては教職員の職能形成が最も大きく，小中学校ともに「全国学調」の成果検証・改善の取り組みがそれに次いで大きいことが確認された。一連の実証分析は，学校運営協議会や地域学校協働本部の設置による学校支援と学校参画の実効性を高めるためには，外形的な制度を整えることに加え，学校運営の改善を進めることで，受け皿となる学校の内在的な体制整備が重要であることを示唆するものと解釈できよう。

最後に，本章に残された課題について，2点ほど指摘しておきたい。第1に，法律改正による教育現場の制度受容の態度変化の精査である。学校運営協議会は，2017年の「地教行法」の改正により設置が努力義務化され，また，同年の「社教法」の改正により新設された「地域学校協働活動推進員」の学校運営協議会委員への就任が可能となった。一連の法律改正や制度変更は，本章の実証分析においては，年度ダミーによってその影響をコントロールする処理を施しているが，法律改正を契機として，学校の地域連携活動の受容態度に変化が生じた可能性がある。2017年度を境に，データをサブサンプルに分けて分析を行うことや，係数ダミーを用いること等を通じ，学校の地域連携教育への受容態度に変化が生じたか否かを精査する必要がある。

第2に，学校での教育実践に携わる教員の認識や態度が地域連携教育に与える影響の精査である。本章の推定においては，教員協働による組織的教育の実践を説明変数に盛り込むことで，教員の認識や態度が地域連携教育に及ぼす影響を間接的には捉えている。しかし，学校運営協議会や地域学校協働本部の設置をめぐっては，現場で教育を担う教員の認識や態度に影響される可能性も少なくないと推測される。データの制約も手伝い，この点に関する地域連携教育への影響度を計測するまでには至っておらず[4)]，「全国学調」に他の学校を単位とする調査を組み合わせることで，分析に活用しうる変数の絶対量を増やすこと等も視野に入れつつ，教員が地域連携教育の推進に及ぼす影響についても，精査することが必要である。

APPENDIX

本章で用いたMPS変数の概要および学校質問紙の対応項目は以下のとおりである。

https://www.nier.go.jp/18chousa/pdf/18shitumonshi_shou_gakkou.pdf
https://www.nier.go.jp/18chousa/pdf/18shitumonshi_chuu_gakkou.pdf

---

4）2023年度に実施された「全国学調」の学校質問紙において，「保護者や地域の人との協働による取組は，教員の業務負担軽減に効果がありましたか」の質問事項が盛り込まれた結果，「どちらかといえば，そう思わない」「そう思わない」の回答の合計が，小学校においては前者が16.1%，後者が4.5%，中学校においては前者が24.6%，後者が11.2%を占めるに至っており，教員の間で地域連携教育の支援効果に対する評価が分かれている実態がうかがえる。

変数項目	測定尺度	学校質問紙の対応項目
教員協働による組織的教育	4段階	学習指導と学習評価の計画の作成にあたっては，教職員同士が協力し合っている
		学級運営の状況や課題を全教職員の間で共有し，学校として組織的に取り組んでいる
「全国学調」の成果検証・改善	4段階	全国学力・学習状況調査の結果を地方公共団体における独自の学力調査の結果と併せて分析し，具体的な教育指導の改善や指導計画等への反映を行っている
	3段階	全国学力・学習状況調査の自校の結果について，調査対象学年・教科だけではなく，学校全体で教育活動を改善するために活用した
		全国学力・学習状況調査の自校の結果について，保護者や地域の人たちに対して公表や説明を行った
教職員の職能形成	4段階	学校でテーマを決め，講師を招聘するなどの校内研修を行っている
		模擬授業や事例研究など，実践的な研修を行っている
		教員が，他校や外部の研修機関などの学校外での研修に積極的に参加できるようにしている
		教職員は，校内外の研修や研究会に参加し，その成果を教育活動に積極的に反映させている
教科横断的カリキュラム・マネジメントの構築	4段階	学校全体の言語活動の実施状況や課題について，全教職員の間で話し合ったり，検討したりしている
		言語活動について，国語科だけではなく，各教科，道徳，総合的な学習の時間及び特別活動を通じて，学校全体として取り組んでいる
家庭学習への教員間の共通理解の醸成	4段階	家庭学習の課題の与え方について，校内の教職員で共通理解を図る
家庭学習方法の児童生徒への提示	4段階	家庭学習の取り組みとして，児童生徒に家庭での学習方法等を具体例を挙げながら教える
児童生徒の授業態度	4段階	児童生徒は授業中に私語が少なく，落ち着いている
保護者・地域住民による学校への協力実績	4段階	保護者や地域の人が，学校の諸活動（学校の美化，登下校の見守り等）に参加している
就学援助を受けている児童生徒比率	6段階	調査対象の学年の児童生徒のうち，就学援助を受けている児童生徒の割合について回答する

第7章　公立小学校選択制が中学進学における進路多様化に及ぼす影響
――東京都公立学校統計調査報告書を用いた実証分析――

1. はじめに

学校選択制は，学校運営協議会，小中高一貫校化，習熟度別授業等とともに，教育供給形態の多様化を通じた教育の質的向上策の一環と解釈される。学校選択制といっても，その形態は一様ではなく，通学区域の指定に関わる規制を緩和・撤廃するだけのものから，教育バウチャー制のように，児童生徒は配布されたバウチャーを選択した学校に収める形で学校選択権を行使する一方，学校は公立・私立を問わず，バウチャーの多寡に応じた教育予算の配分を受ける形態のものまである（藤田（2003））。

日本において，学校選択制とは，公立学校を対象とした通学区域指定の規制緩和を意味するものであり，1980年代の臨時教育審議会での教育自由化論議に端を発する形で導入に向けた検討が開始された。1997年7月に文部科学省から出された通学区域弾力化に関する通知，2000年4月に施行された地方分権一括法において，通学区域の指定が市区町村の自治事務化されたことを踏まえ，学校選択制導入に踏み切る市区町村が現れ始めた。具体的には，1998年に三重県紀宝町，2000年に東京都品川区において導入されて以降，2003年3月の学校教育法施行規則の改正を足掛かりに全国の市町村に広がり，制度運用開始から24年目にあたる2022年時点では，公立小学校において319，公立中学校において217の教育委員会が，学校選択制を導入するに至っている（文部科学省初等中等教育企画課「就学校の指定・区域外就学の活用状況調査について」（令和4年5月1

日現在))。

学校選択制が，学校教育の質に与える影響をめぐっては，Epple and Romano (1998)，赤林 (2007)，安田 (2010)，Hatfield, Kojima and Narita (2012) らによる理論分析，Rothstein (2006)，Hastings, Kane and Staiger (2009) による米国データを用いた実証分析，Yoshida, Kogure and Ushijima (2009)，中村 (2009)，佐藤 (2012) による日本のデータを用いた実証分析がある[1)]。中村 (2009) は，赤林 (2007) が指摘した学校選択の理論的影響（①児童生徒と学校のマッチングの変化，②ピアグループ効果を通じた外部効果の変化，③学校における教育生産の効率性の変化）のうち③に着目し，学校選択制による学校間競争の高まりが，平均的な学力向上に結びついているかを，東京都の学力パネルデータを用いて実証分析し，学校選択制が平均的な学力の改善に結びついたとはいえないと結論付けている。

先行研究においては，学校間競争が学校の自己改善努力を促し，教育の質的向上につながる可能性がある一方，教育達成（学力）の格差や学校間の序列化に拍車をかける可能性についても指摘されており，学校選択制の効果について，理論的にも実証的にも一般化するのは困難な状況にある。加えて，学校選択制の帰結が，児童生徒を惹きつけるための学校固有の工夫や特色に対する保護者や児童生徒の選好を反映したものではないとする実証分析もある (Rothstein (2006))。

日本においても，保護者が（子どもの友達関係や親つながりといった）教育の質の改善以外を理由として，学校選択権を行使している可能性は排除できないが，さりとて学校の自己改善努力や保護者への説明責任（アカウンタビリティ）を全く期待していないということは考え難い。学校選択をめぐる保護者の「高尚な」判断が一定程度は存在すると仮定したうえで，保護者の教育権や児童生徒の学習権を保障する観点から，学校選択の自由の拡大を評価し，実際に進路の選択肢を広げることに結びついているかを検証することは，意義があると

1）　保護者や児童生徒の教育需要に着目し，個票データをもとに，学校選択の規定要因を検証した実証分析に，貞広 (1999)，山下 (2016) がある。前者は，公立学校選択を分析対象に，保護者の教育期待や学校への不満が，後者は公立（校区内）—公立（校区外）—私立学校選択を分析対象に，保護者の学歴，教育期待，部活動の指導状況が，学校選択権の行使に影響を与えているとの結果を導き出している。

いえよう。

本章では，以上のような問題意識に立ち，学校選択制の導入が進んでいる東京都の区市に着目し，公立小学校の学校選択制の導入実績が，卒業後の進路選択の多様化に結びついているかどうかを，区市別パネルデータを用いた回帰分析により検証する。

本章の構成は，以下のとおりである。第2節では，公立学校選択制の全国的動向を，文部科学省のアンケート調査を用いて概観する。第3節では，東京都における公立学校選択制の概要を述べる。第4節では，東京都における公立小学校の学校選択制が，中学進学における進路選択の多様化に影響を及ぼしているかどうかを，区市別パネルデータを用いて実証分析する。第5節では，本章の結論を要約のうえ，残された課題を指摘する。

2. 公立学校選択制をめぐる全国的動向

本節では，公立学校選択制の全国的動向について，文部科学省が市町村教育委員会に実施した過去3回のアンケート調査[2]をもとに，その実態を概観する。公立学校選択制を導入している教育委員会は，2022年5月1日現在で，公立小学校が319，公立中学校が217と，それぞれ調査対象となる教育委員会総数の21.9%，19.2%を占めている。前回調査が行われた2012年10月1日時点では，公立小学校が234（15.1%），公立中学校が195（15.6%）であり，小学校が総数にして85増加（割合にして6.8ポイント上昇），中学校が総数にして22増加（割合にして3.6ポイント上昇）したことがわかる。前々回調査にあたる2006年5月1日時点では，公立小学校が240（14.2%），公立中学校が185（13.9%）であり，導入割合ではほぼ横ばい状態にあったが，この10年間で導入に踏み切る教育委員会が増加に転じた傾向がうかがい知れる。

公立学校選択制の導入が進んだ一因として，実施形態における「特認校制」

2）「小・中学校における学校選択制等の実施状況について（平成18年5月1日現在）」，「小・中学校における学校選択制等の実施状況について（平成24年10月1日現在）」，「就学校の指定・区域外就学の活用状況調査について（令和4年5月1日現在）」（以上，文部科学省初等中等教育局初等中等教育企画課調べ）の3つの調査を用いて分析する。

の増加が指摘できる。日本における学校選択制の実施形態は，大きく6つのタイプに分かれるが[3)]，先述した2022年のアンケート調査によれば，複数の学校から就学を希望できる形式の「自由選択制」「ブロック選択制」「隣接区域選択制」の採用には，2012年調査から大きな変動が見られない一方，従来の通学区域は残したままで，特定の学校について，通学区域に関係なく，当該市町村内のどこからでも就学を認める「特認校制」を採用する教育委員会数は，小学校では2012年の103から196，中学校では2012年の45から72となり，小学校での増加数が93，中学校での増加数が45に上っている。「特認校制」は，少子化が進む地域において，小規模校化を避ける手段として利用されており，学校選択制の導入が増加傾向にあるといっても，学校選択制に本来期待される競争による教育の質の改善よりも，人口減少地域において学校を存続させることを目的とした利活用が進んでいるのが，日本の学校選択制の実情と判断される[4)]。

加えて，学校選択制を採用しうる教育委員会自体の数の減少にも，注視すべきである。文部科学省のアンケートにおいて，学校選択制導入の前提である就学校を複数指定しうる教育委員会は，2006年時点では回答した全教育委員会のうち小学校で90.6%，中学校で71.0%であったものが，2012年時点では小学校で88.2%，中学校で71.1%となり，2022年時点では小学校で83%，中学校で65%と，過去と比較して減少傾向にある。2012年10月1日時点での導入率（学校選択制を導入している設置者数／2校以上の学校を置く設置者数）でみても，小学校では広島県（52.2%），鹿児島県（51.2%），東京都（39.3%），中学校では広島県（61.2%），東京都（50.0%），埼玉県（35.2%）の順となり，鹿児島県を除くと，都市部での導入率の高さが際立っていることがわかる。

以上のアンケート調査のデータ分析から浮かび上がるのは，日本における公立学校選択制の導入が母数としては増加基調にあるものの，内実としては導入

---

3)　当該自治体内の学校のうち，希望する学校に就学を認める「自由選択制」，当該自治体内の学校をブロックに分け，ブロック内の希望する学校に就学を認める「ブロック選択制」，通学区域は残しつつ，隣接する区域内の希望する学校に就学を認める「隣接区域選択制」，通学区域は残しつつ，特定の学校のみ，通学区域にかかわらず，当該市町村内のどこからでも希望する学校への就学を認める「特認校制」，通学区域は残しつつ，特定地域に居住する就学予定者のみ，学校選択を認める「特定地域選択制」，いずれの区分にもあたらない「その他選択制」の6つに分かれる。

4)　2022年実施の文部科学省のアンケート調査でも，特認校制を採用した教育委員会のうち，小学校では94.4%，中学校では86.1%が，小規模校の課題解決のためと回答している。

の前提となる複数の就学校の指定が可能な教育委員会の数が年々減少傾向にあり，かつ本来の政策目標である競争による教育の質の改善を目指しうる教育委員会が，都市部に極端に偏っているという実態である。これより，学校選択制導入による効果検証の射程として，小規模校化の活性化が導入の主たる理由である地方部を対象とすることはふさわしくなく，進路選択の多様化や平均的な学力向上が期待しうる大都市部を対象とすることが，求められるといえよう。

3. 東京都における公立学校選択制の概要

学校選択制に関する分析射程をめぐる第2節のデータ分析を踏まえ，本節では，公立小学校の学校選択制の導入実績が，卒業後の進路選択の多様化に結びついているかどうかを検証する対象として，東京都を取り上げることとする。本節では，実証分析に先立ち，東京都における公立学校選択制の概要を簡潔に述べる。本節の実証分析の対象である東京都は，2000年4月に品川区において導入されたことを皮切りに，2003年3月に学校教育法施行規則が改正され，通学区域の指定に関する規制緩和が法的に担保された[5]ことも手伝って，その後その他の市区へも，学校選択制の採用の動きが広まっていった。

東京都の公立小中学校における学校選択制は，第2節で述べた6つの実施形態のうち，「自由選択制」，「ブロック選択制」，「隣接区域選択制」，「特認校制」，「特定地域選択制」の5つが採用されている。学校選択権行使の自由度からすれば，「自由選択制」が最も高く，次いで「ブロック選択制」，「隣接区域選択制」の順になっている。前者3つと後者2つを分ける理由は，通学路の安全確保の視点が最も大きく，就学予定校に希望する部活動がない場合などへの対応という意味合いもある。「自由選択制」が最も自由度が高いとはいえ，「ブロック選択制」ならびに「隣接区域選択制」ではエリアは狭まるものの，「特認校制」や「特定地域選択制」と比較して，複数の選択肢の中から，就学希望校を選択でき

5）学校教育法施行規則第32条において，市町村教育委員会は，就学校の指定にあたり，あらかじめ保護者の意見を聴取することができることになった。同条文は，学校教育法施行規則第5条において，市町村教育委員会による，就学すべき小中学校の指定義務と対を成す，就学予定者が就学を希望する学校を選択できる権利規定とみなされ，学校選択制導入の法的根拠と解されている。

るという観点では,「自由選択制」に準ずる運用が図られているとみなせる。

2023年度時点では,「自由選択制」を採用する市区が，小学校において3市区，中学校において21市区,「ブロック選択制」もしくは「隣接区域選択制」を採用する市区が，小学校において12市区，中学校において4市区，それ以外の選択制を採用する市区が，小学校において3市区，中学校において2市区となっている。49市区中，何らかの学校選択制を採用している市区が，小学校において18市区，中学校において27市区となっている一方，学校選択制を採用していない市区が，小学校において31市区，中学校において22市区と，市区毎に対応が分かれる形となっている。中学校に比べて，小学校において「自由選択制」の比率が低い背景には，先述した通学路の安全確保への配慮があるものと推察される。

4. 実証分析

本節では，東京都における公立小学校の学校選択制が，中学進学における進路選択の多様化に影響を及ぼしているかどうかを，実証分析する。4.1項では，実証分析に用いるモデルの特定化を行う。4.2項では，データについて説明する。4.3項では，推定結果を解釈し，そこから導かれる政策的含意について述べる。

4.1. 推定モデルの特定化

本節では，以下のような固定効果モデルをもとに，東京都区市別のパネルデータを用いて，公立小学校選択制導入の有無が，児童の進路分化を促したかどうかを，以下のような推定モデルを用いて検証する。

$$y_{it}=\alpha_0+\mu_i+\phi_t+\beta_1 d_{it-5}+\gamma_q\sum_{q=1}^{6}x_{it}^{q}+\varepsilon_{it} \tag{1}$$

ここで，i（=1～49）は区市を，t（=2015～2019）は年度を表す。y_{it}は進路分化に関する変数であり，中学進学における多様化を示す指標として，Taylor and Hudson（1972）により提唱された*Fractionalization Index*（以下*FRAC*）を，区市別の学校種別の中学進学者数のデータをもとに推計したものを用いるとともに[6]，学校種別の進路分化を示す指標として，区市立小学校在籍児童の都内非区市立中学校進学率および校区外区市立中学校進学率を用いる。d_{it-5} は当該児童が小学校入学時点において，公立小学校選択制を導入する区市を1，それ以外を0とするダミー変数である[7]。x_{it} は進路分化として結実した教育達成に影響を与えるその他の要因であり，具体的には児童一人当たり教員数，児童一人当たり資本的支出（対数），給与所得者の納税義務者一人当たり総所得（対数），生活保護率，給与所得者の総所得のジニ係数および他学校種進学率（y_{it} が都内非区市立中学校進学率（校区外区市立中学校進学率）の場合は，区市立中学校進学率（都内非区市立中学校進学率））を用いる。μ_i は個体効果，ϕ_t は時間効果，ε_{it} は不均一分散を仮定した誤差項であり，$\varepsilon_{it} \sim iid(0, \sigma^2_{\varepsilon_i})$ を満たすものとする。学校選択制が進路分化に影響を与えたならば，β_1 は統計的に有意となる。

4.2. データ

（1）式の推定は，2015～2019年度の49区市別パネルデータを用いて行う。推定に用いたデータについて述べていこう。

被説明変数である中学進学における多様化指標である $FRAC$ については，東京都教育委員会「公立学校統計調査報告書（進路状況調査編）」にある学校種別（①私立中学校，②国立中学校，③都立中学校（含む都区立中等教育学校），④校区内区域内公立中学校，⑤校区外区域内公立中学校，⑥その他中学校（都外中学校進学者等））の進学者数を用いて推計した。都内非区市立中学校進学率については，同「公立学校統計調査報告書（進路状況調査編）」にある私立中学校（①），国立中学校（②），都立中学校および都区立中等教育学校（③）への進学者数を卒業者数で除することで求めた。校区外区市立中学校進学率については，同「公立学校統計調査報告書（進路状況調査編）」にある区域内の校区外区市立中学校進学者数（⑤）を校区内区市立中学校進学者数（④）で除する

6）$FRAC = \sum_{j=1}^{J} m_j(1-m_j)$ の計算式をもとに，「公立学校統計調査報告書（進路状況調査編）」の学校種別の進学者数のデータを用いて区市毎の推計を行っている。ここで，m_j はある学校種 j に進学した児童数の全卒業者数に占める比率を表す。定義より明らかなように，$FRAC$ が1に近づけば近づくほど，区市内の児童の中学校進学先の多様性が高いと解釈される。

7）y_{it} は年度末時点での進路状況を表す。例えば，2016年3月卒業（2015年度卒業生）の小学校入学は2010年4月（2010年度入学生）となるため，公立小学校学校選択制導入ダミーは d_{it-5} となる。

ことで求めた。

説明変数である学校選択制導入のダミー変数については，東京都教育委員会「東京都公立学校数，学校選択制の実施状況及びコミュニティ・スクールの設置状況について」にある区市別の学校選択制の実施状況をもとに，学校選択制の導入市区を1，未導入市区を0とするダミー変数を作成した[8]。なお，学校選択制の範囲については，複数の選択肢の中から就学希望校を選択できるという点を鑑み，本章では5つある学校選択制の形式から，「自由選択制」「ブロック選択制」「隣接区域選択制」の3つを，学校選択制導入とみなした。

説明変数である児童一人当たり教員数については，東京都教育委員会「公立学校統計調査報告書（学校調査編）」にある教員数を同資料に記載の児童数で除することで求めた。説明変数である児童一人当たりの資本的支出については，東京都教育委員会「地方教育費調査報告書」にある児童一人当たりの資本的支出の各年度値をもとに，在学年度間の平均値を算出のうえ，説明変数として用いた。納税義務者一人当たり総所得およびジニ係数については，総務省自治税務局「市町村税課税状況等の調」より，当該市区の課税標準額8段階別の総所得額（給与所得者）を情報公開請求より入手し，前者については市区別の市区町村民税（所得割）の納税義務者数（給与所得者）で除することで，後者については8段階別の総所得額（給与所得者）より推計することで求めた。生活保護率については，東京都福祉保健局「福祉・衛生行政統計」にある区市町村別の生活保護率を用いた。なお，各変数の原系列の記述統計については，図表7-1を参照されたい。

4.3. 推定結果

ここでは，(1) 式を回帰分析することで得られた推定結果を示し，その結果について解釈を行う。パネル回帰分析にあたり，平行トレンドの仮定が満たされているかを確認する。図表7-2は，小学校選択制導入の有無によって分けた

8）入学時点においての導入状況が学校選択権の行使を左右することから，学校選択制のダミー変数は入学時点の状況をもとに作成し，被説明変数である進学率については，小学校において6年間の時点のずれを設けたラグ変数としている。なお，国分寺市の小学校については，2012年に特認校制が採用されるまでの2008～2011年の間，一部地域に限定して隣接区域選択制が採用されてきたことから，本節の実証分析で取り上げたサンプル期間中に，学校選択制を導入していないとみなすことにする。

図表 7-1　記述統計

変数名	平均	標準偏差	最大	最小
FRAC	0.424	0.162	0.714	0.142
都内非区市立中学校進学率	0.202	0.119	0.589	0.040
校区外区市立中学校進学率	0.113	0.147	1.132	0.000
区市立中学校進学率	0.765	0.140	0.946	0.349
小学校教員対児童比率	0.058	0.005	0.071	0.050
児童一人当たり資本的支出（円）	153,043	140,206	928,858	10,505
納税義務者一人当たり総所得（千円）	4,128.877	994.537	8,345.210	3,063.253
生活保護率	0.020	0.008	0.045	0.007
ジニ係数	0.378	0.049	0.529	0.307

図表 7-2　*FRAC* の平均値

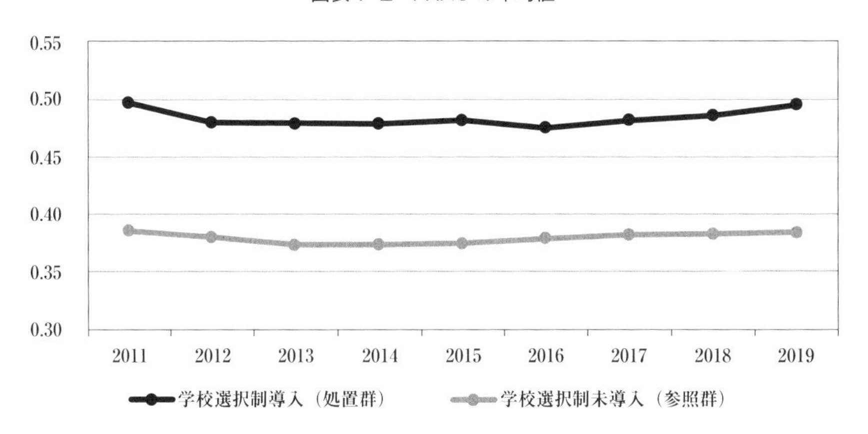

処置群と参照群それぞれについての *FRAC* の平均値を，図表 7-3 は，都内非区市立中学校進学率の平均値を，図表 7-4 は，校区外区市立中学校進学率の平均値を比較したものである。*FRAC*，都内非区市立中学校進学率，校区外区市立中学校進学率ともに，平行トレンドが成立していることが概観される。

（1）式の推定にあたっては，F 検定による pooled model か fixed effects model かの選択，Hausman 検定による fixed effects model か random effects model かの選択，Breusch-Pagan 検定による pooled model か random effects model かの選択を行い，採択された fixed effects model の結果が報告されている。なお，本節では，サンプル期間中における景気変動を考慮し，個体効果お

図表 7-3　都内非区市立中学校進学率の平均値

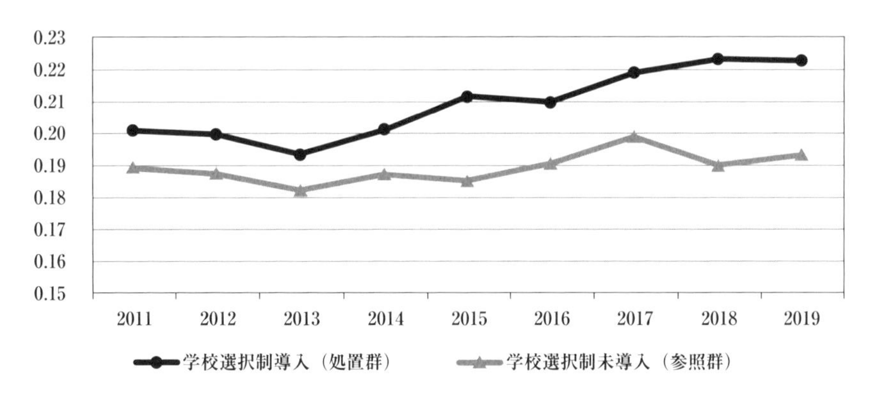

図表 7-4　校区外区市立中学校進学率の平均値

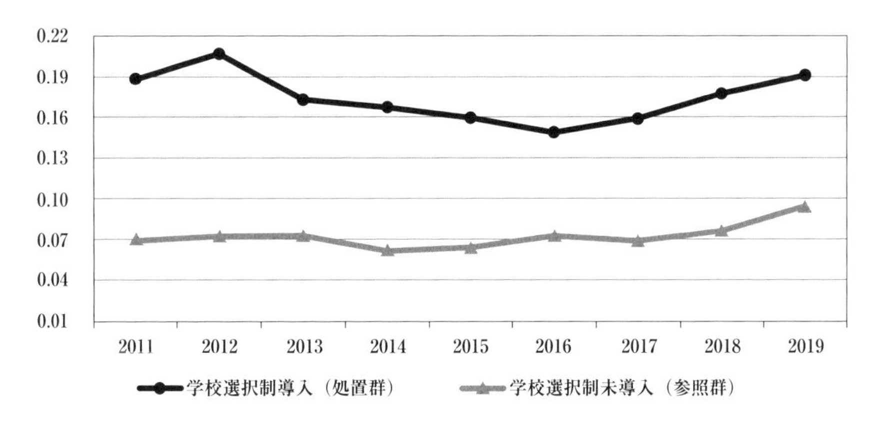

よび時間効果の両方を含む two-way error components model での推定が妥当であると判断した。

モデルの特定化に対する検定結果を踏まえ，以下では係数の統計的有意性および符号条件について検討していく。(1) 式をパネル分析した結果が，図表 7-5，図表 7-6 に示されている。図表 7-6 は，区立の中等教育学校がある千代田区をサンプルから除いた推定結果である。両図表ともに，(a) は進路多様化の指標である *FRAC* を，(b) は都内非区市立中学校進学率を，(c) は校区外区市立学校進学率を，それぞれ被説明変数とする推定結果を示している[9)]。モデル

図表 7-5 公立小学校選択制が中学進学における進路多様化に及ぼす影響の推定結果（49区市のケース）

パラメータ（変数名）	(a)	(b)	(c)
α_0（定数項）	−1.135 (0.886)	−0.046 (1.039)	−2.446 (2.998)
β_1（学校選択制の処置効果）	0.058*** (0.008)	0.012** (0.005)	0.055*** (0.009)
γ_1（児童一人当たり教員数）	0.990 (1.462)	−0.531* (0.287)	8.240*** (2.256)
γ_2（児童一人当たり資本的支出）〈対数〉	−0.002 (0.003)	−0.002 (0.002)	0.045*** (0.016)
γ_3（納税義務者一人当たり総所得）〈対数〉	0.254* (0.135)	0.064 (0.096)	0.315 (0.355)
γ_4（生活保護率）	−8.112*** (2.193)	−0.504 (1.115)	−34.372*** (13.732)
γ_5（ジニ係数）	−1.195* (0.679)	0.542** (0.230)	−1.109 (0.775)
γ_6（他学校種進学率）	—	−0.561*** (0.210)	0.101 (0.200)
F 値	43.913*** (0.000)	9.989*** (0.000)	17.160*** (0.000)
Hausman	21.735***〈6〉 (0.001)	22.087***〈7〉 (0.003)	37.275***〈7〉 (0.000)
Breusch-Pagan	387.055*** (0.000)	180.567*** (0.000)	248.791*** (0.000)
$AdjR^2$	0.971	0.991	0.876
サンプルサイズ	245	245	245

注 1） 推定結果は，モデルの定式化の誤りに対する検定の結果採択された fixed effects model の推定値である。また，簡略化のため，個体効果および時間効果の値は省略している。
注 2） *** は両側1％の有意水準，** は両側5％の有意水準，* は両側10％の有意水準であることを示す。
注 3） パラメータ内の括弧は White の標準誤差を示し，$AdjR^2$ は自由度修正済みの決定係数を示す。また，F 値，Hausman, Breusch-Pagan の括弧は p-value を示し，Hausman の〈 〉の数字は自由度を示す。

9） 千代田区には，49区市内で唯一の区立中等教育学校があり，区市立中学校，都内非区市立中学校（含む都立中等教育学校）の選択に直面している他区市とは選択肢が異なることから，千代田区を除くサンプルでも回帰分析を実施し，推定の頑強性をチェックすることとした。

図表 7-6　公立小学校選択制が中学進学における進路多様化に及ぼす影響の推定結果（千代田区を除くケース）

パラメータ（変数名）	(a)	(b)	(c)
α_0（定数項）	−1.259 (1.030)	−0.668 (0.981)	−3.563 (3.446)
β_1（学校選択制の処置効果）	0.058*** (0.008)	0.013** (0.005)	0.057*** (0.011)
γ_1（児童一人当たり教員数）	1.028 (1.481)	−0.400* (0.215)	8.353*** (2.225)
γ_2（児童一人当たり資本的支出）〈対数〉	−0.001 (0.003)	−0.0002 (0.002)	0.051*** (0.018)
γ_3（納税義務者一人当たり総所得）〈対数〉	0.266* (0.151)	0.126 (0.094)	0.455 (0.419)
γ_4（生活保護率）	−7.954*** (2.077)	−0.182 (1.029)	−32.668** (13.983)
γ_5（ジニ係数）	−1.175*** (2.077)	0.591*** (0.196)	−1.423 (1.001)
γ_6（他学校種進学率）	—	−0.495*** (0.207)	−0.018 (0.307)
F 値	43.078*** (0.000)	11.052*** (0.000)	10.455*** (0.000)
Hausman	19.263***〈6〉 (0.004)	33.191***〈7〉 (0.000)	43.087***〈7〉 (0.000)
Breusch-Pagan	380.675*** (0.000)	175.832*** (0.000)	157.324*** (0.000)
$AdjR^2$	0.969	0.991	0.876
サンプルサイズ	240	240	240

注1）推定結果は，モデルの定式化の誤りに対する検定の結果採択された fixed effects model の推定値である。また，簡略化のため，個体効果および時間効果の値は省略している。

注2）*** は両側1%の有意水準，** は両側5%の有意水準，* は両側10%の有意水準であることを示す。

注3）パラメータ内の括弧は White の標準偏差を示し，$AdjR^2$ は自由度修正済みの決定係数を示す。また，F 値，Hausman, Breusch-Pagan の括弧は p-value を示し，Hausman の〈 〉の数字は自由度を示す。

の特定化に対する検定結果を踏まえ，以下では，係数の統計的有意性および符号条件について，検討していくことにしよう。まず，学校選択制導入の進路分化の影響を表すβ_1は，図表7–5，図表7–6ともに，$FRAC$，都内非区市立中学校進学率，校区外区市立中学校進学率いずれの場合においても，プラスで有意となっている。これより，区市立小学校から中学校への進学において，学校選択制導入の区市では進路選択の多様化が確認されたと解釈される。

その他の説明変数についてみてみると，児童一人当たり教員数については，図表7–5，図表7–6ともに，(b) の推定結果ではマイナスで有意に，(c) の推定結果ではプラスに有意となっている。これは，人的資源の手厚い教育環境下において，教育達成としての進路分化が進んだことを示す結果と解釈される。児童一人当たり資本的支出については，図表7–5，図表7–6ともに，(b) の推定結果では有意でなく，(c) の推定結果ではプラスで有意となっている。区市立中学校に進学する児童内でのみ，学校施設の充実が区立学校への進級への抵抗感を薄めたことが，こうした結果をもたらしたものと解釈できる。

生活保護率については，図表7–5，図表7–6ともに，(a) および (c) の推定結果でマイナスに有意となっている一方，(b) の推定結果では有意となっていない。これは，相対的に貧困な状況下にある家計が多いほど，都内非区市立中学校への進学が少ないことを示す結果と解釈される。ジニ係数については，図表7–5，図表7–6ともに，(a) の推定結果ではマイナスで有意に，(b) の推定結果ではプラスに有意となっている。家計所得のばらつきが大きくなると，都内非区市立中学校への進学が促される一方，進路選択の多様化自体は進みづらいことを示す結果と解釈できる。他学校種進学率については，(b) ではマイナスで有意となる一方，(c) では有意となっていない。都内非区市立中学校へは，区市立中学校への進学も踏まえて進路決定が行われている一方，区市立中学校への進学は，都内非区市立中学校進学への選択を踏まえずに進路決定が行われていることを示唆する結果と捉えられる。納税義務者一人当たり総所得については，図表7–5，図表7–6の (a) の推定結果において，プラスで有意と符号条件を満たしている。

以上の推定結果から，都内在住の児童の中学校進学においては，上級学校への進学実績の高い学校への進学を希望する児童の受け皿として，区市立中学校以外の選択肢（私立中学校等）が位置付けられており，また，区市立中学校へ進学する児童においても，小学校段階において学校選択を経験している区市に在住する児童の方が，それ以外の区市に在住する児童に比べて，区市立中学校内における学校選択権を行使している可能性が高いことが示されたといえよう。

5. おわりに

本章では，学校選択制の導入が進んでいる東京都の区市に着目し，区市立小学校の学校選択制の導入実績が，卒業後の進路選択の多様化に結びついているかどうかを，区市別パネルデータを用いた回帰分析により検証した。具体的には，2015〜2019年度の東京都区市別のパネルデータを用いて，区市立小学校選択制導入の有無が，児童の進路分化を促したかどうかを実証分析した。

実証分析の結果，学校選択制導入をめぐるダミー変数の回帰係数は，プラスで有意であったことから，区市立小学校から中学校への進学において，学校選択制導入の区市では進路選択の多様化が確認されたと解釈される。都内在住の児童の中学校進学においては，上級学校への進学実績の高い学校への進学を希望する児童の受け皿として，区市立中学校以外の選択肢（私立中学校等）が位置付けられており，また，区市立中学校へ進学する児童においても，小学校段階において学校選択を経験している区市に在住する児童の方が，それ以外の区市に在住する児童に比べて，区市立中学校内における学校選択権を行使している可能性が高いことが示されたといえよう。

最後に，本章に残された課題として，2点指摘しておきたい。第1として，共変量の多様化による区市の特性の違いを一層考慮した実証分析の頑強性のチェックである。本章では，two-way error components model を採用することで，区市毎の固有の特性に一定程度配慮した推定結果を導き出している。しかしながら，進路選択をめぐる意思決定は，本章が想定するほどには単純ではないかもしれない。保護者の就業状態や雇用形態，家族構成，兄弟姉妹の数やその進学就学状況や学校外教育機会の程度といった個々の児童を取り巻く家庭環境が進路分化に影響を与えうると考えられる。データの入手に困難を極めるものの児童のさまざまな属性を把握しうる個票パネルデータ等を活用して，本章で得られた推定結果の頑強性をチェックする必要がある。

第2として，公立学校選択制以外の教育提供体制の変化による進路分化への影響の考察である。第1の点にも関連するが，分析対象の区市においては，公立学校選択制以外にも，公立小中一貫教育の実施や義務教育学校の創設，少子化に伴う小学校の統廃合等，教育提供体制の変化が観測されるが，本章ではそうした点への考慮が十分には行えていない。加えて，2014年度より，高等学校等就学支援金制度が開始され，東京都においても，所得水準に応じて学校種を問わず授業料の無償化措置が開始されている。本章では，分析対象を中学校進学とし2015年度からのデータを用いることで，支援金制度開始の影響を中立化するよう分析上の工夫を講じている。一般的に大都市部では，進路分化が高校から中学校の段階に早期化する現象が確認され，東京都もその例外ではないため，中学校進学段階において，就学支援制度の影響を間接的ながらも受けている可能性を排除できないが，本章では，この点に関する考慮が十分行えていない。以上の2点を含めて，さらなる分析の多様化・精緻化に，今後努めていきたい。

終　章　公教育運営の着地点
――まとめと今後の課題――

1. はじめに

今日，序章で指摘した「教育の公共的意義」については，児童生徒を取り巻く環境のさまざまな「揺らぎ」を踏まえてもなお，社会的な合意はおおむね得られるのではないかと思われる。（標準的な）学校教育制度は，こうした「教育の公共的意義」の上に，同一年齢の子どもを人為的に集め，「集合的教育」を施す社会的機能を担っており，その機能を果たす限りにおいて，社会的信頼の獲得維持に成功しうる。

社会が学校に求める「集合的教育」（学校知）は，知育に限るものではないが，子どもが成人後に社会に参加する準備として，体系化された知識と社会的情動能力を養うことを，その要素から外すことはできないであろう。学校教育への信頼の揺らぎがさまざま指摘される背景には，学校が体系化された知識と社会的情動能力を育む機能を果たしているかをめぐって，保護者・児童生徒と，学校・教育当局の間の認識・理解が共有されず，互いの信頼醸成が進まないことがあると思われる。

学校知への認識・理解のギャップは，保護者・児童生徒側に自分たちのニーズに合った教育のみを施してもらうことが，社会的正当性を得た学校知の提供につながるという「短絡的思考[1)]」と，教員の「専門性」を盾に独善的な教育実

1）「外部性」ゆえに過小供給をもたらす結果につながるにもかかわらず，教育供給における市場原理の導入を，個人の選好をくみ取ることに長けているという理由だけで過度に礼賛する風潮，あるいは教育達成が児童生徒の行動によっても左右されることを踏まえず，その優劣の全責任を教育供給者で

践に陥る危険性に敏感でない教員および教育関係者の「閉鎖的体質」とが相まって生じているものと考えられる。

石井（2021）は，「教育活動の目的であり対象である子どもたちの学びと生活の事実をともにまなざす応答関係（共同注視）をアクター間において構築し，そこから共有ビジョンと協働的に説明責任（アカウンタビリティ）を担うネットワークを創出してくことが重要」と指摘し，児童生徒の学びを支える学校内外の場の設定の必要性を強調しているが，その試みは学校と保護者・地域との情報共有を通じた円滑な意思疎通なくしては成り立ちえないと考えられる。学校と保護者・地域との多職種協働の円滑化には，保護者・地域においては，学校現場に寄り添った支援の実践が，学校においては「個業型教職遂行」（佐古（2005））に依存した教育実践を改め，組織としての力量向上による外部への応答性と機動性の高い学校運営の実践が必須であるといえよう。

本書では，目下，文部科学省を中心とした教育政策共同体において進められている「資質・能力」という教育成果に重きを置く教育課程運営，多職種協働を通じた多様なアクターによる学校統治，選択と競争の自由度を高める教育供給という政策・制度変容を取り上げ，その教育現場での受容の実態を把握し，教育の質の向上や学習機会の保障の視点を踏まえつつ，可能な限り政策・制度変容の効果を検証することで，日本の公教育における運営と統制の改善に資する政策選択は何かを議論・判断する論拠を提示することを目指した[2]。

本章では，以下の構成をもとに，本書全体の内容を振り返り，日本の公教育運営および公教育統制の着地点を提示する。第2節では，各章で展開された実証分析を要約し，その示唆を説明する。第3節では，本書で展開された実証分析を集約する形で，日本の公教育における運営と統制への示唆を述べるとともに，具体的な政策的含意を提示する。第4節では，本書を締めくくるにあたって，今後の分析課題を指摘する。

ある学校に帰する論調等が，その代表例である。

2） 個人単位の個票パネルデータを用いた実証分析は実施しておらず，政策手段・制度変容が，児童生徒に与える直接的な効果や影響の検証は，分析対象としていない。

2. 本書の要約

本書では，教育における経済学的特性を踏まえ，市場原理による教育供給に代わるモデルとして，Le Grand（2007）が提示した4つの公教育サービス供給モデルの特質を考察し，それぞれのモデルを教育実践に落とし込むための，教育現場における政策手段・制度実施の受容実態とその帰結を検証することを目的とする実証分析を試みた。以下，各章で展開された実証分析を要約し，その示唆を説明する。

序章「公教育の経済学的特性と政策選択」では，目下，文部科学省を中心とした教育政策共同体において進められている「資質・能力」という教育成果に重きを置く教育課程運営，多職種協働を通じた多様なアクターによる学校統治，選択と競争の自由度を高める教育供給という政策・制度変容の意味合いを，Le Grand（2007）が提唱した準市場化（Quasi-Market），Slavin（2002）や Hargreaves（2007）が主張したエビデンスに基づく教育（Evidence-Based Education：以下 EBE），Besley and Case（1995）や Seabright（1996）がモデル化した政策の可視化による分権的政策競争（Yardstick Competition）等による理論的帰結を援用しつつ整理し，続く実証分析の学術的意義を明らかにした。

公教育をめぐる運営・統制原理について，Le Grand（2007）の4つの公教育供給モデルに関連付けて考察を進めた結果，「信頼モデル」に依拠した日本の公教育の運営原理は，「主体的・個別的かつ協働的な」学びの実践を通じて，児童・生徒に求められる「資質・能力」の獲得にまで「説明責任（アカウンタビリティ）」を求められる教育保障の拡張に，柔軟かつ機動的に対応しえるのかという点において，疑問符がつくと判断された。

一方，エビデンスに基づく教育によって「可視化」される教育達成の検証・改善を目指す「目標モデル」，保護者や住民の公教育に対する視座を取り入れ熟議に基づく「分権的・自律的」な学校（および教育当局）運営を目指す「発言モデル」，教育供給における「選択と競争」の機会を広げ教育の質の向上と公正な学習機会の確保を目指す「選択と競争モデル」は，それぞれに問題点を内包しているものの，教員の個別的裁量性に立脚する「信頼モデル」よりも，保護者や地域を巻き込んだ「協働による組織的教育実践」(多元的教育統治) を成しうることで，教育運営および統制の改善深化を期待できるのではとの暫定的解釈に至った。

第1章「学校運営改善と教育達成」では，日本の小中学校における教育達成が，学校の運営改善 (Management Practices)，すなわち，学習指導計画の策定や学校の課題共有をめぐる教員同士の協働実績，学力調査結果を踏まえた教科指導方法の改善実績等からどの程度影響を受けているかを，文部科学省が実施する「全国学力・学習状況調査」(以下「全国学調」) の本体調査個票データの学校ローデータ (2015～2018年度) を用いて実証分析した。ここでの学術的関心は，教育政策の「可視化」による成果管理に統制の軸を置く Le Grand (2007) の「目標モデル」の教育現場での受容と効果検証にある。

実証分析の結果，小中学校いずれの教育段階においても，総合的な学校運営改善が教育達成に与えた影響は，平均正答率に関してはプラス，正答数の変動係数に関してはマイナスであることがわかった。特に，「全国学調」の成果検証・改善サイクルの導入は，平均正答率に関してはプラスの影響を，変動係数に関してはマイナスの影響を持つことが確かめられた。さらに，教科横断的なカリキュラム・マネジメントの構築の程度は，中学校において，(平均正答率についてはプラスで有意に，変動係数については一部科目を除きマイナスで有意となったことから) おおむね平均正答率の上昇および学力の平準化に寄与していることが確認された一方，小学校においては，平均正答率と変動係数で評価した教育達成に対する影響は確認されなかった。

一連の実証分析は，家庭学習との連携や就学援助を受けている児童生徒の比率と教育達成との相関が確認される等，個々の学校の特性に支配される要素はあるものの，学校運営改善に取り組むこと自体は，学校の平均的な教育達成の上昇および学年における学力の平準化に結びつくことを示唆するものであると解釈される。

第2章「私立高校学納金の規定要因」では，2010年4月および2014年4月に導入された高等学校等就学支援金制度に付随する形で実施された，都道府県による私立高校生対象の就学支援事業が，私立高校の学納金の水準に影響を与えたかどうかを，2008～2016年度の都道府県パネルデータを用いて実証分析した。

ここでの学術的関心は，Le Grand（2007）の「選択と競争モデル」の「要」である教育バウチャーを用いた国公立・私立高校間の学校選択の実現（「準市場（Quasi-Market）による統制」）を受けて，教育供給を担う私立高校経営変容の実態検証にある。

実証分析の結果，参照年度[3]である2008年度に比して，新旧の高等学校等就学支援金制度のもとで，都道府県による独自支援および国基準への加算支援が実施された都道府県を処置群としたときのDID推定値が，プラスで統計的に有意となった。加えて，都道府県の就学支援の効果をDID推定値の大きさで比較してみると，新制度下の処置効果が旧制度下のそれを上回っていることが確認された。これは，旧就学支援金制度における支援対象および支援額を積み増す形で，2014年度より新就学支援金制度が開始された事実と符合する結果であると判断される。

一連の実証分析は，高等学校等就学支援金制度に付随する形で実施された，都道府県による私立高校生対象の就学支援事業の実施により，私立高校は学納金引き上げに向かった可能性があり，また，旧制度から支援対象および支援額の積み増しが実施された新制度下において，新就学支援金制度に付随して私立高校の授業料に対する就学支援がより手厚く実施されるようになった都道府県において，授業料の引き上げ傾向が顕著となったことを示唆するものと解釈される。

第3章「世代別政治力が自治体による教育の公的助成に与える影響」では，教育に対する公的助成を代表するものとして，地方自治体に裁量権がある準要保護率に着目し，2000年代の6カ年度における都道府県パネルデータをもとに，準要保護率の設定が少子高齢化に伴う（人口動態および政治参加の両要因を加味した）世代別政治力の変化から影響を受けているかどうかを実証分析した。ここでの学術的関心は，Le Grand（2007）の「発言モデル」に依拠しつつ，民主的な教育供給決定がもたらす帰結を検証し，「発言モデル」実装の功罪を明らかにすることにある。

3） 旧制度の政策効果を評価する際のベースは2008，2009年および2014～2016年に独自支援をしていない都道府県を，新制度の政策効果を評価する際のベースは2008，2009年および2010～2013年に独自支援を実施していない都道府県を，参照年度としている。

実証分析の結果，少子高齢化に伴う高齢世代の相対的な政治力の上昇は，人口動態のみならず，投票行動を通じても，自治体の準要保護率の低下を招いている可能性があるということ，選挙権の年齢引き下げを通じた若年世代の政治力の担保は，準要保護率の低下に歯止めをかける効果があるということ，および「地方財政健全化法」の施行により，自治体の財政規律に対する姿勢が変化したことで，財政力が準要保護率の設定に与える影響に構造変化が生じた可能性があるということの3点が確認された。

一連の実証分析は，就学援助受給率を左右する準要保護率の設定において，選挙を通じた民主的統制を通じ，抑制圧力が生じている可能性を示唆するものと解釈される。公教育供給をめぐる意思決定における影響力は間接的とみなされる国政選挙を通じた「民主的統制」の帰結を検証した点に留意が必要ではあるが，より直接的な影響を与えうる一般選挙（地方選挙）あるいは合議制の熟議体である「学校運営協議会」の場において，「民主的統制」に依拠した教育政策の意思決定を行うことの問題点（いわゆる「シルバー民主主義」の弊害）を予想させるものであり，その点を踏まえた政策対応，制度設計の必要性を示すものであると判断される。

第4章「公教育をめぐる政府間の共有責任と戦略的相互依存」では，公教育をめぐる政治家同士の戦略的相互依存の帰結として，地方自治体の公教育サービスの分権的供給水準が内生的に決まることを理論的に示したうえで，それが日本における公教育の分権的供給の一事例である少人数学級化を説明する要因になりうるかを，道府県パネルデータを用いて検証した。ここでの学術的関心は，Le Grand (2007) の「発言モデル」の統制思想を市民の負託を受けた政治家が公教育サービスをめぐる「外在的統制」を行う政治経済モデルに当てはめ，理論的・実証的帰結を検証することにある。

実証分析の結果，第1に理論が想定する自地域地方議会基盤からの影響は，30人以下学級比率と35人以下学級比率の推定結果においてともに確認されたということ，第2に理論が想定する他地域地方議会基盤からの影響は，30人以下学級比率の一部の結果では確認された一方，35人以下学級比率については，理論と整合的な結果が確認されなかったということの2点が明らかとなった。

一連の実証分析は，小学校段階における公教育サービスの分権的供給，とりわけより少人数学級化へ向かう傾向は，道府県の相対的政治力（道府県議員の再選確率）が高いほど進んでいることを示唆するものと解釈される。都道府県の教育分権化を深化させるうえでは，議会基盤の強化を図るとともに，有権者による選挙を通じた規律付けが機能しやすくなるよう，教育行財政をめぐる国および都道府県の権限と責任の一致と都道府県間の政策競争，言い換えれば，国と都道府県にまたがる公教育サービスの提供責任の共有化の解消と，公教育サービスの「可視化」による地域間の政策伝播を促すための情報公開の徹底を目指す必要があることを示す結果と判断される。

第5章「政令指定都市への学級編制基準決定権の権限移譲の効果」では，2017年4月に実施された政令指定都市への教職員に係る事務・権限の移譲が教育資源の決定に影響を与えたかを，学級規模（学級当たりの児童数）への影響を中心に実証分析した。具体的には，小学校の第1学年および第2学年の学級当たりの児童数（単式学級）を被説明変数とするDID推定によって，道府県から政令指定都市への権限移譲の効果の有無を検証した。ここでの学術的関心は，Le Grand（2007）が「発言モデル」で意図した民意への応答性の向上を目指し，教育当局が分権的教育供給を受容・活用したかの解明にある。

実証分析の結果，小学校1年生の学級編制においては，権限移譲に伴う有意な処置効果が確認できなかったものの，小学校2年生の学級編制においては，権限移譲に伴う有意な処置効果が確認された。権限移譲の処置効果において，小学校1年生と2年生とに結果の違いが生じた理由としては，義務標準法の改正により，2011年度より小学校1年生の35人学級化が，全国一律で実現したことがあるのではないかと考えられる。他学年に先駆けて少人数学級化が進められていた小学校1年生については，2017年度からの権限移譲以前にも少人数学級化が全国的に定着していた結果，権限移譲の効果は軽微であったと考えられる。

一連の実証分析は，2017年度に実施された道府県から政令指定都市への学級編制基準の決定権の権限移譲が，小学校2年生の学級編制において，少人数学級化を通じた地域の事情に沿った公教育サービスの提供に，一定程度貢献したことを示唆するものと解釈される。義務教育の教職員給与の負担を都道府県が担うことを定めた「県費負担教職員制度」のもとで，任命権者（政令市教育委員会）と給与負担者（都道府県教育委員会）とが異なる「ねじれ状況」が解消され，より地域の実情に応じた円滑な人事施策が展開される[4]ことが，政令指定都市の教育委員会において示されたことは，適切な財政措置を伴う限り，学校の個別の実情により即した学級編制の弾力的運用を可能とするさらなる「分権化」を進めることへの教育現場の受容に期待を持ちうることを示す結果と判断できる。

第6章「学校運営改善が地域連携教育の推進に与える影響」では，小中学校における学校運営協議会を含む地域と学校の協働活動（地域連携教育）の推進が，学校運営改善（教員協働による組織的教育,「全国学調」の成果検証・改善への取り組み，教職員の職能形成，教科横断的カリキュラム・マネジメントの構築）からどの程度影響を受けているかを，文部科学省が実施する「全国学調」の本体調査個票データの学校ローデータ（2015～2019年度）を用いて，パネル分析をもとに実証分析した。とりわけ，学校の基本的な運営方針やビジョンを教員間で共有できている学校ほど，学校運営協議会の設置が進みやすいという仮説の検証に力点を置いた。ここでの学術的関心は，政策の「可視化」と「分権化」による成果管理と民意の表明に統制の軸をおくLe Grand（2007）の「目標モデル」および「発言モデル」の受容にあたって，学校現場における「組織的統制」の実効性を高めることの重要性を検証することにある。

実証分析の結果，小中学校ともに学校運営改善が進んでいる学校ほど，学校運営協議会を含む地域と学校の協働活動（地域連携教育）の取り組みが盛んであることが確認され，係数の大小で評価した学校が地域連携教育に取り組むことへの影響は，小学校においては横断的カリキュラム・マネジメントが，中学校においては教職員の職能形成が最も大きく，小中学校ともに「全国学調」の成果検証・改善の取り組みがそれに次いで大きいことが確認された。加えて，学校が地域連携教育に取り組むか否かは，家庭学習との連携や保護者や地域住民による学校への協力の下地（地域のソーシャル・キャピタル）があることが作用していることも確かめられた。

4） 義務教育の教職員給与の負担を都道府県が担うことを定めた「県費負担教職員制度」のもとで，都道府県教育委員会が定めた学級編制の変更を希望する市町村教育委員会は，都道府県教育委員会に届出を提出しなければならない。

一連の実証分析は，学校運営協議会や地域学校協働本部の設置による学校支援と学校参画の実効性を高めるためには，外形的な制度を整えることに加え，学校運営の改善を進めることで，受け皿となる学校の内在的な体制整備が重要であることを示唆するものと解釈できよう。すなわち，教員集団が帰属する学校の「組織的統制」（構造として組織が体系化されること）が機能する体制整備が進めば，保護者や地域を巻き込んだ「協働による組織的教育実践」（多元的教育統治）を成しうる素地が形成されやすいことを示す結果と受け止められる。

第7章「公立小学校選択制が中学進学における進路多様化に及ぼす影響」では，学校選択制の導入が進んでいる東京都の区市に着目し，公立小学校の学校選択制の導入実績が，中学校入学における進路選択の多様化に結びついているかどうかを，区市別パネルデータを用いた回帰分析により検証した。ここでの学術的関心は，Le Grand (2007) が提唱した「準市場的統制」を「要」とする「選択と競争モデル」の実践事例としての「小学校選択制」が卒業後の進路多様化に及ぼす影響を検証することにある。

実証分析の結果，区市立小学校から中学校への進学において，小学校段階における学校選択制導入の区市では，未導入の区市に比べて，進路選択の多様化が確認された。都内非区市立中学校へは，区市立中学校への進学も踏まえて進路決定が行われている一方，区市立中学校への進学は，都内非区市立中学校進学への選択を踏まえずに進路決定が行われていることが明らかとなった。

一連の実証分析は，都内在住の児童の中学校進学においては，上級学校への進学実績の高い学校への進学を希望する児童の受け皿として，区市立中学校以外の選択肢（私立中学校等）が位置付けられており，また，区市立中学校へ進学する児童においても，小学校段階において学校選択を経験している区市に在住する児童の方が，それ以外の区市に在住する児童に比べて，区市立中学校内における「学校選択権」（すなわち「足による投票」を通じた児童による学校選択）を行使している可能性が高いことが示されたと解釈される。

3. 政策的含意——公教育運営および公教育統制への示唆

本節では，本書で展開された実証分析を集約する形で，日本の公教育における運営と統制への示唆を述べるとともに，具体的な政策的含意を提示する。

本書では，教育における経済学的特性を踏まえ，市場原理による教育供給に代わるモデルとして，Le Grand（2007）が提示した4つの公教育サービス供給モデルの特質を考察し，それぞれのモデルを教育実践に落とし込むための，教育現場における政策手段・制度実施の受容実態とその帰結を検証することを目的とする実証分析を試みた。

実証分析の結果から総合的に判断されるのは，エビデンスに基づく教育によって「可視化」される教育達成の検証・改善を目指す「目標モデル」，保護者や住民の公教育に対する視座を取り入れ熟議に基づく「分権的・自律的」な学校（および教育当局）運営を目指す「発言モデル」，教育供給における「選択と競争」の機会を広げ教育の質の向上と公正な学習機会の確保を目指す「選択と競争モデル」は，それぞれに問題点を内包しているものの，教員の個別的裁量性に立脚する「信頼モデル」よりも，保護者や地域を巻き込んだ「協働による組織的教育実践」（多元的教育統治）を成しうることで，教育運営および教育統制の改善深化が進む可能性が期待できるということである。

エビデンスに基づく教育によって「可視化」される教育達成の検証・改善を目指す「目標モデル」については，学校運営改善による教育達成の向上をめぐって，平均正答率および学力の平準化効果が期待できる第1章の実証分析の結果，同じく学校運営改善による地域連携教育の推進をめぐって，科目横断的なカリキュラム・マネジメントの実践や「全国学調」の検証・改善の取り組みが寄与するとした第6章の実証分析の結果を踏まえるならば，「エビデンスに基づく教育（EBE）」による政策の「可視化」には，教育実践における一定の効用があると判断されるとともに，「可視化」を梃とする学校の「組織的統制」（構造として組織が体系化されること）の実効性の向上が，保護者や地域を巻き込んだ地域連携教育の推進に寄与すると結論付けられる。

保護者や住民の公教育に対する視座を取り入れ熟議に基づく「分権的・自律的」な学校（および教育当局）運営を目指す「発言モデル」については，選挙を通じた「民主的統制」が就学援助率を左右する準要保護率を抑制する可能性を指摘した第3章の実証分析の結果，小学校における教育供給の分権化，具体的には少人数学級化の推進に，都道府県議員の国会議員に対する相対的政治力の優位性が影響していることを示した第4章の実証分析の結果，学級編制基準設定の都道府県から政令指定都市への移譲によって，地域の実情にあった学級編制の実践が図られたことを示した第5章の実証分析の結果を踏まえるならば，公教育供給は民意の表明を通じた民主的統制から影響を受けていることが確認されたといえよう。これより，民意に依拠する「外在的統制」が有効に機能するためには，公教育をめぐる正確な情報伝播を通じて，市民が賢明な意思決定を行えるような状況を創出すること，公教育サービスの供給主体の「分権化」を進めることで民意との熟議を深めうる体制を整備することが示唆される。加えて，就学援助に象徴される教育と福祉とが融合したような政策領域に関しては，「外在的統制」の不全不備を防ぐべく，地方教育当局による「専門的」視座に立った「外在的統制」への一定の関与が求められると考えられる。

教育供給における「選択と競争」の機会を広げ教育の質の向上と公正な学習機会の確保を目指す「選択と競争モデル」については，高等学校等就学支援金を通じた高校選択の実現を受けて，私立高校に授業料引き上げの誘因が生じたことを検証した第2章の実証分析の結果，公立小学校の学校選択制の導入実績が，中学校進学における進路多様化に結びついていることを示した第7章の実証分析の結果を踏まえるならば，教育供給における「準市場（Quasi-Market）」化の適用については，児童生徒の「学校選択権」の行使およびそれに伴う進路選択の多様化に関する限り，一定の効果があることが確認されたといえる。ただし，具体的な制度設計が学校選択制を通じて期待される教育の質の向上を左右することを示した理論分析が存在すること，学校選択制を採用することで教育達成上の効果が生じるかに関して実証分析の蓄積が乏しいこと，学校選択制の運用において，年少人口の減少にともなう小規模校化の弊害を克服すべく，地方部を中心に（教育の質の改善という本来の政策目的と異なる）特認校制の採用が進んでいるという実態を踏まえるならば，その広がりは，「準市場（Quasi-Market）」の適用条件である複数かつ多様な学校の存在が認められる都市部に止まり，教育段階においても，私立高校との競争風土が従来から存在する高校での制度深化が現実的といえよう。

以上の考察を踏まえつつ，日本の公教育における運営と統制の改善に資する政策選択について，私見を述べるとすれば，以下のようになろう。すなわち，公教育供給に関わる教育当局が，民意との応答性を高めるべく，内在的統制に偏重してきた「教育統制」に外在的統制を組み入れる方向に向かうことは，教育成果にまで「説明責任（アカウンタビリティ）」を担う教育保障拡張の現実を踏まえるとき，教員の「専門性」を過度に掘り崩さない範囲において，制度変容に一定の合理性があるというのが，筆者の見解である。

具体的には，「民主的統制」に依拠する「発言モデル」を「分権的政策競争（Yardstick Competition）」も加味する形で深化させ，保護者や地域を巻き込んだ「協働による組織的教育実践」を目指す一方，教育達成の向上および地域連携教育の推進に一定の効力を発揮しうる政策の「可視化」を特徴とする「目標モデル」を併用することで，公教育の供給者，受給者，地域からなる「熟議型コミュニケーション活性」を目指すことが，日本の公教育運営および公教育統制の改善に資する方向性であると考えられる。「競争と選択モデル」については，高校段階においては全国的に，小中学校段階においては都市部を中心に，進路選択の多様化としてその効用は一定確認される一方，教育達成への貢献について，実証分析上の確たる検証結果の蓄積を待たねばならず，当面は部分的・限定的な活用に止まらざるを得ないと判断される。一方，教員の「専門性」に担保される内在的統制（「信頼モデル」）は，不定形かつ無限定な児童生徒への向き合いを必要とする教育の特異性を踏まえると，今後もなお，一定の有用性は認められるものの，教員間や教育専門家以外との協働を阻む「個業型教職遂行」（佐古（2005））の源泉でもあり，「教育統制」における中心的・支配的位置付けからは後退せざるをえず，外在的統制との並存・融合に迫られると考えられる。

「発言モデル」と「目標モデル」を核とする「外在的統制」の導入と「信頼モデル」に依拠した「内在的統制」との並列・融合化，「選択と競争モデル」の教育段階別・地域別を加味した部分的・限定的適用で方向付けられる公教育における運営と統制変容の実効性を担保すべく，具体的な政策的含意として，以下の3点を提示したい。

まず，第1に，教育の質の向上や学習機会の確保に象徴される教育保障を，「個業型教職遂行」（佐古（2005））から「協働型教職遂行」に改める学校運営の刷新である。多様で不定形かつ無限定な児童生徒との向き合いを要する教育の特異性を踏まえるならば，教員の個別的裁量性に依拠する教育実践に一定の有用性は認められる反面，それが教職員が相互的に教育活動の改善に関与することを困難にする組織構造につながっていることも否めない。児童生徒の多様化が進み，教育実践条件の均質化との齟齬が生じ始める中，学校の運営方針や課題共有を通じた教員間協働で教育環境の変化に柔軟に対応できるよう，学校としての「組織的統制」（構造として組織が体系化されること）の機能を高めるべきである。

より具体的には，形骸化が指摘される校務分掌組織を組み直し，学習計画の策定や教育課程の再編，児童生徒への学習・生活両面にわたる総合的支援など，チームで熟議・探究する教職員間でのPBLの実践，学校のビジョンの明確化による学校活動の焦点化・構造化，教科担任制による教員の業務改善と担当教科毎の個業化を防ぐための科目横断的なカリキュラム・マネジメントの実践などを通じて，生徒指導と保護者対応に終始する「こなす」仕事から「創造する」仕事へ，若手教員の職能成長機会も兼ね備える形で業務を改善することが求められる。そのための校長のリーダーシップの発揮と，教員の日々の業務を支えるスクール・サポート・スタッフの拡充等が必須であるのはいうまでもない。

第2に，学校内・教員内で自己完結していた教育遂行を開放し，保護者や企業，地域住民を巻き込んだ「協働による組織的教育実践」（多元的教育統治）を遂行する環境整備である。学校運営に外部の視点を盛り込む仕組みとして，「学校運営協議会」や「地域学校協働本部」が制度化されているが，形ばかりの協働に終始することなく，実効ある地域連携教育を実践するためには，児童生徒の学び（教育保障）を学校と地域とが連携して担うための，互いの情報共有を通じた「熟議型コミュニケーション活性」と「信頼醸成」とが不可欠である。そのためには，社会が学校に入ることで多様性が生まれるという「学校を開く」ことの効用，探究学習を通じた教員以外の大人との出会いが生き方の再考も踏まえた児童生徒の学びの深化につながるという「地域に学ぶ」ことの効果，児童生徒の成長を学校—保護者—地域で支える「持続可能な教育体制」の必要性を，学校，教育委員会，教育専門家以外の学校に関わりうる人々全員が理解・共有することが重要である。教育実践における「専門性か，民主性か」という二律背反的な状況を越え，学校統治を多元化することに「熟議」という成果の芽が生み出せるよう，初期投資を惜しまず，多様な連携・協働を引き出せる体制づくりが待たれる。

より具体的には，学校と地域とをつなぐ「地域学校協働活動推進員」の役割強化，学校の「可視化」による社会との情報共有，協働化を避ける学校文化を改め，外部人材との多職種協働を円滑に進める素地を作るための学校内部の「組織的統制」の強化充実に加え，やや迂遠的ではあるが，有給以外の学校支援休暇を企業側が制度として設ける等の働き方改革を進めることを通じ，学校運営協議会や地域学校協働活動に親世代の就業者が関わりやすくする条件整備も検討に値しよう。それは，葛西（2014）が指摘する「集団化されていない一部の保護者の意思をもって同意が調達されうる」という学校運営協議会の弊害を除去すべく，委員の任期を短期化し，新陳代謝を促すことに貢献するものと考えられる。

第３に，教育成果を基軸としつつも，それに止まらない学校全体の状況の「可視化」「共有化」の徹底である。「エビデンスに基づく教育（EBE）」の実践をめぐっては，定量的・定性的分析をもとに教育（成果）を「可視化」「共有化」することで，教員の「勘や経験」といった「エピソード」にけん引される教育実践を客観的に評価しうる視点を生み出すとともに，「エビデンス」と「エピソード」の双方の視点から，バランスある教育課程の編成・実施・評価につなげる効用を持ちうる。EBE が児童生徒の多様な資質・能力を，定量化しやすいが一面的な「学力」のみを尺度とする検証改善サイクルの構築のみに「矮小化」される事態は避けなければならないが，正確な統計処理に耐えうる教育データを蓄積し，それをもとに「可視化」に値するエビデンスの精度を高めたうえで，その含意と問題点への十分な説明を尽くしつつ，エピソードベースの事例研究とのバランスをとった活用を目指すならば，大桃（2020）が指摘する教育の成果にまで拡張された「説明責任（アカウンタビリティ）」の社会的要請にこたえる仕組みとして，有効に機能するものと考える。

加えて，EBE による「教育（成果）の可視化」の効用は，客観的根拠に基づく教育実践という直接的なものに止まらず，多職種協働や分権的政策競争の下地となる「熟議型コミュニケーション活性」をもたらすという間接的なものにも及びうることを指摘しておきたい。成果も含めた学校全体の状況の可能な限りの「可視化」「共有化」は，相互のつながりの媒介手段となることで，組織的教育の実践や多職種協働の円滑化に資するはずであり，また学校選択制のもとで賢明な選択を児童生徒が行えるよう，選択肢となる学校の質について十分な情報を児童生徒に公平に与えることにも寄与しうる。教育実践や学校課題の解決に活かすことに加え，具体的なEBEの適用としては，一律均等が原則である学校毎の予算配分に，教育困難校を中心とした傾斜的予算配分を組み合わせる際の判断材料の1つとしての活用を提案したい。林（2016）が指摘するように，スウェーデンの一部の自治体においては，EBEや学校選択制が学校間格差や社会的分断を助長する恐れを懸念し，児童生徒の社会的背景に応じて学校への予算配分のウェイト付けを実施することで，公正な教育機会の確保に努めている。貞広（2020）では，公教育の変容は一律の予算配分からの脱却を予想させるものあり，均等原則に基づく配分（コア・ファンディング）と個別の必要原則に基づく配分（ニーズ・ベースド・ファンディング）とを組み合わせる必要性が指摘されている。「教育（成果）の可視化」を通じて得た情報は，学校毎への傾斜的予算配分の活用に用いることで，均等的予算配分とともに教育実践条件の公正化に資すると考えられよう。

4. 今後の分析課題

本書を締めくくるにあたって，今後の分析課題として，以下2点を指摘しておく。

第1に，学校の運営改善に資する要因を精査するための，教育委員会や教員情報も交えた実証分析の展開である。日本の教育統計は，児童生徒に関する情報については，「学校基本調査」をはじめ，本書の実証分析で使用した「全国学調」のデータも整備が進み，自治体でも「全国学調」のデータに類似した児童生徒毎のパネルデータの蓄積が進む等，正確な統計処理に耐えうる教育データの蓄積が進みつつある。一方で，教員に関わるデータは相対的に不足しており，公式統計としては3年に1回の頻度で実施される「教員統計調査」のみである。そこでは，教員個人の性別，年齢，職名，学歴，勤務年数，教員免許状の種類，週担当授業時数，給料月額等，採用・転入・離職者の性別，年齢，職名，異動の状況等，比較的詳細なデータの把握が可能ではあるが，悉皆調査でない点，教員の帰属する学校名の特定化が困難を極める点など，学校毎にデータをマージするのに膨大な作業量を要する状況にある。一方，教育委員会に至っては，上記に対応するような職員属性に関するデータは存在せず，現状において，公式統計のローデータを用いた実証分析は不可能である。学校コードの共通化により上記の作業が軽減され，また，個票データの開示が進めば，学校運営改善と教員属性との関わり等，人事政策の評価に結びつく分析が可能となる。特に学校運営を現場で取り仕切る校長に関する分析は，「学校組織としての自律的運営（School-Based Management）」と並び，海外では教育成果との関わりを検証する実証分析が盛んに行われている中，日本においては赤林・佐野（2019）の先駆的分析を除いて，実証分析の蓄積が不足している。教育委員会や教育管理職の分析から教員への分析に拡張していくことに，実証分析上の余地が多く残されている。

第2に，児童生徒の教育達成や成育発達に影響を与えうる学校教育以外の要因に関する実証分析の射程の拡大である。本書では，教育供給の主体として，学校を含む教育当局に焦点を当て，政策手段や制度の変容が教育現場に与えた影響，さらに一部ではあるが，それによる児童生徒の教育成果に及ぼす効果について検証を試みた。分析の射程は，公立私立含めた学校教育に置かれており，学校外での教育には学術的関心は置かれていない。しかしながら，教育達成を含め，児童生徒の学びは，学校教育だけでは完結しえず，保護者の教育姿勢や養育実践として表出する家庭教育，地域での見守りや学習生活支援といった地域による教育支援，ひいては，塾，家庭教師，予備校といった補習教育や各種習い事で構成される「学校外教育（有償の教育機会）」によって左右されうると考えられる。中でも，「学校外教育（有償の教育機会）」については，学校教育をめぐる教育格差に衆目が集まる中，格差を生成させる極めて重要なルートであるにもかかわらず，データの制約も手伝い，その実態と格差や貧困に与える影響の検証が不足している。「家計調査」や「全国消費実態調査」には，家計が有償で購入している教育サービスの消費額が掲載されており，個票データを用いることで，学齢別，子どもの数別，教育段階別等で，学校外教育格差や子どもの貧困率等の計測が可能である。Rothschild and White（1995）が指摘した「Customers as Inputs」にも示されるように，教育の成果はその消費者たる児童生徒の行動（学びに向かう努力）にも左右されることを踏まえるならば，学校で学ぶ児童生徒の社会的背景の実態を解明することは，教育保障において学校が問われるべき「説明責任（アカウンタビリティ）」はどこまでなのかといった問いや，学校における学習生活両面にわたる総合的支援は，どうあるべきかを考察するうえで，欠くべからざる分析対象であるといえる。学校教育に止まらず，学校外教育に関する理論および実証分析の蓄積が求められるといえよう。

参考文献

Abowd, J. M.（1984）*An Econometric Model of the U. S. Market for Higher Education*, New York: Garland Publishing.

Ahlin, A. and E. Mörk（2008）“Effects of Decentralization on School Resources”, *Economics of Education Review*, Vol. 27, pp. 276-284.

Akabayashi, H. and H. Araki（2011）“Do Education Vouchers Prevent Dropout at Private High Schools? Evidence from Japanese Policy Changes”, *Journal of the Japanese and International Economics*, Vol. 25, pp. 183-198.

Andersson, J. and T. Berger（2018）“Elites and the Expansion of Education in Nineteenth-Century Sweden”, *The Economic History Review*, Vol. 72, pp. 897-924.

Barankay, I. and B. Lockwood（2007）“Decentralization and the Productive Efficiency of Government: Evidence from Swiss Cantons”, *Journal of Public Economics*, Vol. 91, pp. 1197-1218.

Bardhan, P. and D. Mookherjee（2006）“Decentralisation and Accountability in Infrastructure Delivery in Developing Countries”, *The Economic Journal*, Vol. 116, pp. 101-127.

Belleflamme, P. and J. Hindriks（2005）“Yardstick Competition and Political Agency Problem”, *Social Choice and Welfare*, Vol. 24, pp. 155-169.

Besley, T. and A. Case（1995）“Incumbent Behavior: Vote-seeking, Tax-setting and Yardstick Competition”, *American Economic Review*, Vol. 85, pp. 25-45.

Besley, T. and M. Smart（2007）“Fiscal Restraints and Voter Welfare”, *Journal of Public Economics*, Vol. 91, pp. 755-773.

Biesta, G.（2007）“Why“What Works”Won't Work: Evidence-based Practice and the Democratic Defict in Educational Research”, *Educational Theory*, Vol. 57, pp. 1-22.

Bloom, N. and J. V. Reenen（2007）“Measuring and explaining management practices across firms and countries”, *Quarterly Journal of Economics*, Vol. 122, pp. 1351-1408.

Bloom, N., C. Propper, S. Seiler and J. V. Reenen（2015a）“The Impact of Competition on Management Quality: Evidence from Public Hospitals”, *Review of Economic*

Studies, Vol. 82, pp. 457-489.

Bloom, N., R. Lemos., R. Sadun and J. V. Reenen (2015b) "Does Management Matter in Schools ?", *The Economic Journal*, Vol. 125, pp. 647-674.

Boadway, R., N. Marceau and M. Marchand (1996) "Issues in Decentralizing the Provision of Education", *International Tax and Public Finance*, Vol. 3, pp. 311-327.

Bonesrønning, H. (2013) "Public Employees and Public Sector Reform Implementation", *Public Choice*, Vol. 156, pp. 309-327.

Borck, R. (2008) "Central versus Local Education Finance: A Political Economy Approach", *International Tax and Public Finance*, Vol. 15, pp. 338-352.

Breyer, F. and B. Craig (1997) "Voting on Social Security: Evidence from OECD Countries", *European Journal of Political Economy*, Vol. 13, pp. 705-724.

Brueckner, J. K. (2009) "Partial Fiscal Decentralization", *Regional Science and Urban Economics*, Vol. 39, pp. 23-32.

Clotfelter, C. T. (1996) *Buying the Best: Cost Escalation in Elite Higher Education*, Princeton, NJ: Princeton University Press.

Devarajan, S., S. Khemani and S. Shah (2009) "The Politics of Partial Decentralization", in Ahmad, E. and G. Brogio (eds.), *Does Decentralization Enhance Service Delivery and Poverty Reduction ?*, pp. 102-121, Cheltenham: Edward Elgar.

Di Liddo, G. and M. G. Giuranno (2016) "Asymmetric Yardstick Competition and Municipal Cooperation", *Economic Letters*, Vol. 141, pp. 64-66.

Dobby, W. and R. G. Fryer (2013) "Getting Beneath the Veil of Effective Schools: Evidence from New York City", *American Economic Journal: Applied Economics*, Vol. 5, pp. 28-60.

Edmonds, R. (1986) "Characteristics of Effective Schools", in Neisser, U. (ed.), *The School Achievement of Minority Children*, pp. 93-104, Lawrence Erlbaum Associates Inc.

Epple, D. and R. Romeo (1996) "Ends against the Middle: Determining Public Service Provision When There are Private Alternatives", *Journal of Public Economics*, Vol. 62, pp. 297-325.

Epple, D. and R. Romano (1998) "Competition between Private and Public Schools, Vouchers, and Peer Group Effects", *American Economic Review*, Vol. 88, pp. 33-62.

Feiveson, L. (2015) "General Revenue Sharing and Public Sector Unions", *Journal of Public Economics*, Vol. 125, pp. 28-45.

Gilbert, C. E.（1959）“The Framework of Administrative Responsibility”, *The Journal of Politics*, Vol. 21, pp. 373-407.

Gilmore, J.（1991）*Price and Quality in Higher Education*, U. S. Department of Education.

Grob, U. and S. C. Wolter（2007）“Demographic Change and Public Education Spending: A Conflict between Young and Old?”, *Education Economics*, Vol. 15, pp. 277-292.

Hammersley, M.（2007）*Educational Research and Evidence-based Practice*, London: Sage Publications.

Harford, J. D. and R. D. Marcus（1986）“Tuition and U. S. Private College Characteristics: The Hedonic Approach”, *Economics of Education Review*, Vol. 5, pp. 415-430.

Hargreaves, D. H.（2007）“Teaching as A Research-Based Profession: Possibilities and Prospects”, in Hammersley, M.（ed.）, *Educational Research and Evidence-based Practice*, pp. 3-17, London: Sage Publications.

Harris, A., W. Evans. and R. Schwab（2001）“Education Spending in an Aging America”, *Journal of Public Economics*, Vol. 81, pp. 449-472.

Hastings, J., T. Kane and D. Staiger（2009）“Heterogeneous Preference and the Efficacy of Public School Choice”, Combines and replaces NBER Working Paper No. 12145 and No. 11805.

Hatfield, J., F. Kojima and Y. Narita（2012）“Promoting School Competition through School Choice: A Market Design Approach”, SIEPR Working Paper No. 12-036.

Hauptman, A. M. and J. P. Merisotis（1990）*The College Tuition Spiral: An Examination of Why Charges Are Increasing*, American Council on Education.

Hausman, J. A.（1978）“Specification Tests in Econometrics”, *Econometrica*, Vol. 46, pp. 1251-1271.

Hayashi, M. and M. Nishikawa（2017）“Wage Reform, Local Government Unions, and Intergovernmental Transfer: An Evidence from the 2013 National Request in Japan”, Paper Presented at Rokko Forum（2017.3.17 at Kobe University）

Hirschman, A. O.（1970）*Exit, Voice, and Loyalty: Responses to Decline in Firms, Organizations, and States*, Cambridge, MA: Harvard University Press.

Hindriks, J. and B. Lockwood（2009）“Decentralization and Electoral Accountability: Incentive, Separation and Voter Welfare”, *European Journal of Political Economy*, Vol. 25, pp. 385-397.

Hojo, M. and T. Oshio（2012）, “What Factors Determine Student Performance in East

Asia? New Evidence from the 2007 Trends in International Mathematics and Science Study", *Asian Economic Journal*, Vol. 26, pp. 333–357.

Hojo, M. and W. Senoh (2019), "Do the Disadvantaged Benefit More from Small Classes? Evidence from a Large-Scale Survey in Japan", *Japan and The World Economy*, Vol. 52, 100965.

Ito, H., M. Nakamuro and S. Yamaguchi (2020) "Effects of Class-Size Reduction on Cognitive and Non-Cognitive Skills", *Japan and The World Economy*, Vol. 53, 100977.

Jakubowski, M. and M. Topińska (2009) "The Impact of Decentralization on Education in Poland", in Ahmad, E. and G. Brogio (eds.), *Does Decentralization Enhance Service Delivery and Poverty Reduction?*, pp. 223–256, Cheltenham: Edward Elgar.

Jametti, M. and M. Joanis (2020) "Elections and de facto Expenditure Decentralization in Canada", *Economics of Governance*, Vol. 21, pp. 275–291.

Joanis, M. (2014) "Shared Accountability and Partial Decentralization in Local Public Good Provision", *Journal of Development Economics*, Vol. 107, pp. 28–37.

Kawasaki, K., T. Inui and T. Miyazaki (2023) "The Effect of Management Practices on the Performance of Bus Enterprises", *International Journal of Economic Policy Studies*, Vol. 17, pp. 133–161.

Ladd, H. and S. Murray (2001) "Intergenerational Conflict Reconsidered: Country Demographic Structure and the Demand for Public Education", *Economics of Education Review*, Vol. 27, pp. 343–357.

Le Grand, J. (2007) *The Other Invisible Hand: Delivering Public Services through Choice and Competition*, Oxford: Princeton University Press.

Leithwood, K. and T. Menzies (1998) "Forms and Effects of School-Based Management: A Review", *Educational Policy*, Vol. 12, pp. 325–346.

Opatrny, M., T. Havranek, Z. Irsova and M. Scasny (2023), "Publication Bias and Model Uncertainty in Measuring the Effect of Class Size on Achievement", CEPR Discussion Paper, No. 18159.

Panizza, U. (1999) "On the Determinants of Fiscal Centralization: Theory and Evidence", *Journal of Public Economics*, Vol. 74, pp. 97–139.

Poterba, J. (1997) "Demographic Structure and the Political Economy of Public Education", *Journal of Policy Analysis and Management*, Vol. 16, pp. 449–472.

Rothschild, M. and L. J. White (1995) "The Analytics of the Pricing of Higher Education and Other Services in Which the Customers Are Inputs", *Journal of Political*

Economy, Vol. 103, pp. 573–586.

Rothstein, M.（2006）"Good Principals or Good Peers? Parental Valuation of School Characteristics, Tiebout Equilibrium, and the Incentive Effects of Competition among Jurisdictions", *American Economic Review*, Vol. 96, pp. 1333–1350.

Rubinfeld, D.（1977）"Voting in a Local School Election: A Micro Analysis", *Review of Economics and Statistics*, Vol. 59, pp. 30–42.

Seabright, P.（1996）"Accountability and Decentralization in Government: An Incomplete Contracts Model", *European Economic Review*, Vol. 40, pp. 61–89.

Slavin, R. E.（2002）"Evidence-Based Education Policies: Transforming Educational Practice and Research", *Educational Researcher*, Vol. 31, pp. 15–21.

Tabellini, G.（2000）"A Positive Theory of Social Security", *Scandinavian Journal of Economics*, Vol. 102, pp. 523–545.

Taylor, C. L. and M. C. Hudson（1972）*World Handbook of Political and Social Indicators*, second ed., New Haven: Yale University Press.

Yoshida, A., K. Kogure and K. Ushijima（2009）"School Choice and Student Sorting: Evidence from Adachi City in Japan", *The Japan Economic Review*, Vol. 60, pp. 446–472.

赤井伸郎・鷲見英司（2001）「地方分権度で見た地方財政の実際と実証的考察」『フィナンシャル・レビュー』第 55 号，pp. 1–50.

赤林英夫（2007）「学校選択と教育ヴァウチャー　政策と研究」市村英彦・伊藤秀史・小川一夫・二神孝一編『現代経済学の潮流 2007』東洋経済新報社，第 7 章，pp. 189–216.

赤林英夫・荒木宏子（2010）「私立高等学校の授業料補助が生徒の中退に与える影響―日本の教育バウチャーの実証研究―」RIETI Discussion Paper Series 10-J-016, pp. 1–23.

赤林英夫・佐野晋平（2019）「校長が在籍児童生徒のアウトカムに与える効果の統計的計測」『フィナンシャル・レビュー』No. 141，pp. 5–23.

石井英真（2021）「学校制度改革の課題と展望　「令和の日本型学校教育」に見る公教育の構造変容―」『教育制度学研究』No. 28，pp. 4–20.

石田三成（2015）「地方公務員の給与削減に関する実証分析―2013 年給与改定臨時特例法を題材に」『財政研究』第 11 巻，pp. 191–211.

伊藤りさ（2006）「学校運営協議会制度における評価と支援のあり方を巡って―ニュージーランドの制度を参考に―」『レファレンス』No. 662，pp. 84–98.

井上智夫・大重斉・中神康博（2007）「高齢化は教育費に影響するか？：日本の義務教

育の場合」中神康博・Taejoung Kim 編『教育の政治経済分析―日本・韓国における学校選択と教育財政の課題―』シーエーピー出版，第 9 章，pp. 207-249.

岩永定（2011）「分権改革下におけるコミュニティ・スクールの特徴の変容」『日本教育行政学会年報』No. 37，pp. 38-54.

浦田広朗（1998）「私立大学学納金の規定要因分析」『教育社会学研究』第 63 巻，pp. 119-136.

大竹文雄・佐野晋平（2009）「人口高齢化と義務教育支出」『大阪大学経済学』第 59 巻第 3 号，pp. 105-130.

大桃敏行（2020）「日本型公教育の再検討の課題」，大桃敏行・背戸博史編著『日本型公教育の再検討―自由，保障，責任から考える―』岩波書店，序章，pp. 1-12.

大桃敏行・背戸博史（2020）『日本型公教育の再検討―自由，保障，責任から考える―』岩波書店.

小塩隆士・田中康秀（2008）「教育サービスの「準市場」化の意義と課題―英国での経験と日本へのインプリケーション―」『季刊・社会保障研究』Vol. 44，pp. 59-69.

葛西耕介（2014）「学校運営協議会の法的分析―親の学校教育参加の視点から―」『日本教育法学会年報』No. 43，pp. 179-188.

苅谷剛彦（2001）『階層化日本と教育危機』有信堂高文社.

鳫咲子（2009）「子どもの貧困と就学援助制度―国庫補助制度廃止で顕在化した自治体間格差―」『経済プリズム』第 65 号，pp. 28-49.

小入羽秀敬（2008）「私立高校授業料設定における私学助成の影響―東京都を事例として―」『東京大学大学院教育学研究科教育行政学論叢』第 27 号，pp. 81-88.

小林庸平・林正義（2011）「一般財源化と高齢化は就学援助制度にどのような影響を与えたのか？」『財政研究』第 7 巻，pp. 160-175.

佐古秀一（2005）「学校の組織とマネジメント改革の動向と課題」『日本教育行政学会年報』No. 31，pp. 51-67.

貞広斎子（1999）「定量的選好モデルを用いた親の学校選択行動分析」『日本教育行政学会年報』Vol. 25，pp. 103-116.

貞広斎子（2020）「パンデミックが加速する学校システムの変革と課題　Society 5.0 時代の教育の質保証と社会的公正確保に向けて―」『教育制度研究』No. 27，pp. 24-42.

佐藤晴雄（2010）『コミュニティ・スクールの研究―学校運営協議会の成果と課題―』風間書房.

佐藤晴雄（2017）『コミュニティ・スクールの成果と展望―スクール・ガバナンスとソーシャル・キャピタルとしての役割―』ミネルヴァ書房.

佐藤宏嗣（2012）「学校選択制の導入が学力試験の正答率と不登校率に与える影響について―東京都49区市のパネルデータを用いた実証分析―」政策研究大学院大学まちづくりプログラム2011年度修士論文.
佐貫浩・世取山洋介（2008）『新自由主義教育改革―その理論・実態と対抗軸―』大月書店.
建林正彦・曽我謙吾・待鳥聡史（2008）『比較政治制度論』有斐閣.
田中宏樹（2012）「教育分権化と自治体のアカウンタビリティ―都道府県データを用いた業績投票モデルによる実証分析―」『財政研究』第8巻，pp. 234-250.
田中宏樹（2019）「公立学校教職員給与と組合―都道府県パネルデータを用いた実証分析―」『同志社政策科学研究』Vol. 20，No. 2，pp. 31-37.
仲田康一（2018）「「スタンダード化」時代における教育統制レジーム―テンプレートによる統治・データによる統治―」『日本教育行政学会年報』No. 44，pp. 9-26.
中野英夫（2010）「学級編制及び教育財政の見直しの方向性」『租税研究』第730号，pp. 27-34.
中村亮介（2009）「学校選択制が学力に与える影響の実証分析―東京都学力パネルデータを用いて―」*Economia*, Vol. 60，pp. 57-74.
西垣泰幸（2017）『地域間ヤードスティック競争の経済学』，日本経済評論社.
林寛平（2016）「スウェーデンにおける学校選択制による学校間成績差抑制モデルの分析―ナッカ市におけるSALSAを活用した予算配分を事例に―」『日本教育行政学会年報』Vol. 50th Anniv.，pp. 174-179.
藤田英典（2003）「疑似市場的な教育制度構想の特徴と問題点」『教育社会学研究』Vol. 72，pp. 73-94.
北條雅一（2023）『少人数学級の経済学―エビデンスに基づく教育政策へのビジョン―』慶應義塾大学出版会.
松浦克己・滋野由紀子（1996）「私立校と公立校の選択―塾との関係を考慮した小中学校段階での学校選択―」『女性の就業と富の分配―家計の経済学―』日本評論社，第3章，pp. 61-85.
丸山文裕（1991）「私立大学授業料の規定要因分析」『大学論集』第20集，pp. 267-280.
三浦智子（2021）『教育経営における責任・統制構造に関する研究』風間書房.
村田俊明（1991）「学校・教育委員会の管理運営関係について」『学校経営研究』Vol. 16，pp. 83-88.
文部科学省（2020）『これからの学校と地域―コミュニティ・スクールと地域学校協働活動―』（2024年6月4日閲覧，https://manabi-mirai.mext.go.jp/upload/korekaranogakkoutotiiki_pamphlet2020.pdf）.

八代尚宏・島澤諭・豊田奈穂（2012）『社会保障制度を通じた世代間利害対立の克服―シルバー民主主義を超えて―』NIRA モノグラフシリーズ No. 34.
安田洋祐（2010）『学校選択制のデザイン―ゲーム理論アプローチ―』NTT 出版.
山下絢（2016）「義務教育段階における保護者の学校選択行動」『教育学研究』Vol. 83, pp. 92-101.
山下絢（2021）『学校選択制の政策評価―教育における選択と競争の魅惑―』勁草書房.
横井敏郎（2018）「変動期日本の教育行財政改革―日本的システムの揺らぎ―」『公教育システム研究』No. 17, pp. 141-157.
湯田伸一（2009）『知られざる就学援助―驚愕の市区町村格差―』学事出版.

参考資料

厚生労働省職業安定局「職業業務安定統計」
厚生労働省人口動態・保健社会統計室「人口動態統計」
総務省自治行政局「住民基本台帳に基づく人口，人口動態及び世帯数調査」
総務省自治行政局「地方選挙結果調」
総務省自治財政局「市町村決算状況調」
総務省自治財政局「都道府県決算状況調」
総務省自治税務局「市町村税課税状況等の調」
総務省統計局「国勢調査」
総務省統計局「人口推計」
総務省統計局「労働力調査」
中央教育審議会（2016）「「幼稚園，小学校，中学校，高等学校及び特別支援学校の学習指導要領等の改善及び必要な方策等について（答申）」
東京都教育委員会「東京都公立学校数，学校選択制の実施状況及びコミュニティ・スクールの設置状況について」
東京都教育委員会「公立学校統計調査報告書（学校調査編）」
東京都教育委員会「公立学校統計調査報告書（進路状況調査編）」
東京都教育委員会「地方教育費調査報告書」
東京都福祉保健局「福祉・衛生行政統計」
内閣府経済社会総合研究所「県民経済計算」
日本私立中学高等学校連合会「都道府県私学助成状況調査報告書」
日本私立中学高等学校連合会「平成29年度都道府県私学助成状況調査報告書」
文部科学省（2017）「小学校学習指導要領」「中学校学習指導要領」
文部科学省（2018）「高等学校学習指導要領」
文部科学省「全国学力・学習状況調査」本体調査個票データ学校ローデータ
文部科学省高等教育局「私立高等学校（全日制）の授業料等の調査」
文部科学省初等中等教育局「新・高等学校等就学支援金制度に関する調査について」
文部科学省初等中等教育局「要保護および準要保護児童生徒数の推移」
文部科学省初等中等教育局「小・中学校における学校選択制等の実施状況について（平成18年5月1日現在）」

文部科学省初等中等教育局「小・中学校における学校選択制等の実施状況について（平成24年10月1日現在）」
文部科学省初等中等教育局「就学校の指定・区域外就学の活用状況調査について（令和4年5月1日現在）」
文部科学省総合教育政策局（旧生涯学習政策局）「学校基本調査」
文部科学省総合教育政策局（旧生涯学習政策局）「地方教育費調査」

初出一覧

序　章「公教育の経済学的特性と政策選択――理論・実証分析のサーベイを交えて――」
書き下ろし

第1章「学校運営改善と教育達成――国公立小中学校パネルデータを用いた実証分析――」
書き下ろし

第2章「私立高校学納金の規定要因――都道府県による就学支援事業の影響に関する実証分析――」
田中宏樹（2020）「私立高校学納金の規定要因――都道府県による就学支援事業の影響に関する実証分析――」,『日本地方財政学会研究叢書』No. 28, pp. 89-104 をもとに加筆修正

第3章「世代別政治力が自治体による教育の公的助成に与える影響――年齢別投票率を用いた準要保護率決定要因の実証分析――」
田中宏樹（2014）「世代別政治力が自治体による教育の公的助成に与える影響――年齢別投票率を用いた実証分析――」『公共選択』No. 66, pp. 49-65 をもとに加筆修正

第4章「公教育をめぐる政府間の共有責任と戦略的相互依存――階層並列的な Political Agency Model による分権的教育供給の実証分析――」
田中宏樹・篠崎剛（2022）「公的教育をめぐる政府間の共有責任と戦略的相互依存――階層並列的な Political Agency Model による実証分析――」『同志社政策科学研究』Vol. 24, No1, pp. 1-14 をもとに加筆修正

第5章「政令指定都市への学級編制基準決定権の権限移譲の効果――都市別パネルデータを用いた実証分析――」
書き下ろし

第６章　「学校運営改善が地域連携教育の推進に与える影響――国公立小中学校カテゴリカルデータを用いた実証分析――」
書き下ろし

第７章　「公立小学校選択制が中学進学における進路多様化に及ぼす影響――東京都公立学校統計調査報告書を用いた実証分析――」
田中宏樹（2023）「公立小学校選択制が中学進学における進路多様化に及ぼす影響――東京都公立学校統計調査報告書を用いた実証分析――」『同志社政策科学研究』Vol. 24，No. 2，pp. 43-51 をもとに加筆修正

終　章　「公教育運営の着地点――まとめと今後の課題――」
書き下ろし

索　引

【た行】

【な行】

【は行】

【ま行】

【ら行】

著者略歴

田中　宏樹（たなか　ひろき）
1967 年生まれ
2000 年 3 月　大阪大学大学院国際公共政策研究科博士後期課程修了
株式会社 PHP 総合研究所主任研究員，内閣府経済社会総合研究所客員研究員，同志社大学政策学部助教授・准教授を経て，
現在　同志社大学政策学部教授・大学院総合政策科学研究科教授
著書・論文『公的資本形成の政策評価―パブリック・マネジメントの実践に向けて―』PHP 研究所，2001 年；『政府間競争の経済分析―地方自治体の戦略的相互依存の検証―』（日本地方財政学会第 14 回佐藤賞（著書の部）受賞）勁草書房，2013 年；「教育分権化と自治体のアカウンタビリティ―都道府県データを用いた業績投票モデルによる実証分析―」『財政研究』第 8 巻，pp. 234-250；「世代別政治力が自治体による教育の公的助成に与える影響―年齢別投票率を用いた実証分析―」『公共選択』第 66 号，pp. 49-65；「私立高校学納金の規定要因―都道府県による就学支援事業の影響に関する実証分析―」『日本地方財政学会研究叢書』第 28 号，pp. 89-104；“Demand for Education Investment in A Model with Uncertainty” *Economics Bulletin*, Vol. 43（4），pp. 1780-1786（安岡匡也関西学院大学経済学部教授との共同論文）など

公教育における運営と統制の実証分析
「可視化」「分権化」「準市場化」の意義と課題

2024 年 10 月 20 日　第 1 版第 1 刷発行

著　者　田（た）　中（なか）　宏（ひろ）　樹（き）

発行者　井　村　寿　人

発行所　株式会社　勁（けい）　草（そう）　書　房

112-0005 東京都文京区水道 2-1-1　振替 00150-2-175253
（編集）電話 03-3815-5277／FAX 03-3814-6968
（営業）電話 03-3814-6861／FAX 03-3814-6854
精興社・牧製本

ISBN978-4-326-50505-0　　Printed in Japan

https://www.keisoshobo.co.jp